国家智库报告 2018（34）
National Think Tank
社会发展

中国绿色智慧城市发展研究报告（2018）

孙伟平　曾刚　主编　　石庆玲　滕堂伟　胡德　副主编

REPORT ON THE DEVELOPMENT OF GREEN AND SMART CITIES IN CHINA (2018)

中国社会科学出版社

图书在版编目(CIP)数据

中国绿色智慧城市发展研究报告.2018/孙伟平,曾刚主编.—北京：中国社会科学出版社,2018.11

（国家智库报告）

ISBN 978-7-5203-3314-6

Ⅰ.①中… Ⅱ.①孙…②曾… Ⅲ.①现代化城市—城市建设—研究报告—中国 Ⅳ.①C912.81

中国版本图书馆 CIP 数据核字（2018）第 239476 号

出 版 人	赵剑英
项目统筹	王 茵
责任编辑	喻 苗
特约编辑	王 琪
责任校对	闫 萃
责任印制	李寡寡

出 版	中国社会科学出版社
社 址	北京鼓楼西大街甲 158 号
邮 编	100720
网 址	http://www.csspw.cn
发行部	010-84083685
门市部	010-84029450
经 销	新华书店及其他书店

印刷装订	北京君升印刷有限公司
版 次	2018 年 11 月第 1 版
印 次	2018 年 11 月第 1 次印刷
开 本	787×1092 1/16
印 张	9
插 页	2
字 数	120 千字
定 价	45.00 元

凡购买中国社会科学出版社图书，如有质量问题请与本社营销中心联系调换
电话：010-84083683
版权所有　侵权必究

摘要： 纵观人类发展历程，生态文明和智能文明逐渐取代原始文明、农业文明和工业文明，成为人类文明和发展的主旋律，而绿色智慧城市则顺应了生态文明和智能文明的时代潮流，成为人类当今城市建设的必然选择。当前，世界各国为了实现可持续发展的目标，纷纷制订了促进绿色智慧城市的建设计划。据不完全统计，全球范围内超过400个城市有类似"智慧城市""智能城市""数字城市"等智慧城市发展计划。中国作为全球第二大经济体，在经济快速发展的同时，也意识到愈演愈烈的环境问题已成为阻碍其实现可持续发展目标的制约因子。习近平总书记在2018年全国生态环境保护大会上强调了生态文明建设和发展的重要意义，绿色与智慧已经成为当前全球城市建设的重要指导方针。

本报告论述了绿色智慧城市的内涵和外延，归纳了我国绿色智慧城市的人本化、生态化、智能化、系统化特征，梳理了国内外绿色智慧城市的发展历程。并在借鉴复合生态系统理论、国内外可持续发展指标体系的基础上，建立了包含绿色城市、智慧城市和人文城市三个大领域18个指标的绿色智慧城市评价指标体系，构建了计算模型，对中国285个地级及以上城市的绿色智慧发展水平进行了计算与分析。我们发现，人口规模较大且经济发展水平较高的东部城市位居前列，而人口规模较小且经济发展水平较低的西部城市排名靠后，东高西低特征显著。同时，沿江沿海城市、省会城市绿色智慧建设水平也较高。针对我国绿色智慧城市建设中存在的城市内部绿色、智慧、人文协同发展水平低下，核心中心城市对周边城市带动作用不强，边缘中小城市特色不够鲜明等问题，我们提出了问题导向、目标导向、工程导向等综合施治的对策建议。

关键词： 绿色智慧城市；城市发展；城市格局；指数；可持续发展

Abstract: Throughout the process of human development, ecological civilization and intelligent civilization gradually replaced primitive civilization, agricultural civilization and industrial civilization, become the main melody of human civilization and development. Green and smart city follows the trend of ecological civilization and intelligent civilization, has become the inevitable choice of urban construction. At present, all countries in the world have formulated plans to promote the construction of green and smart cities in order to achieve the goal of sustainable development. According to incomplete statistics, more than 400 cities around the world have developed smart city plans like "smart city", "intelligent city" and "digital city". As the world's second largest economy, China, while developing rapidly, has also realized that the increasingly severe environmental problems have become the key to prevent it from achieving its sustainable development goals. President Xi Jinping highlighted the importance of building and developing ecological civilization at the National Ecological and Environmental Protection Conference in 2018. Green and smart have become important guidelines for urban construction around the world.

This report discusses the connotation and denotation of green and smart city, summarizes the four characteristics of China's green and smart city, which are human-based, ecological, intelligent and systematic, sorts out the construction process of green and smart city at home and abroad. On the basis of drawing lessons from the current situation of complex ecosystem and domestic and foreign sustainable development index system, a green and smart city evaluation index system including 18 indicators in green city, smart city and humanistic city is established. Based on the index system, the report constructs a computational model and analyzes the development level of green and smart cities in 285 prefecture-level cities and above in China. The report finds that eastern cities with larger population and higher level of economic development rank top of the list, while western cities with smaller population and relatively backward economic development rank at the bottom, and the characteristics of higher east and lower west are significant. Meanwhile, cities along rivers and coast and provincial capitals are also at a higher level of green and smart development. There are some problems in the construction of green and smart cities in China, such as the low level of cities' inner green, smart, and humanistic coordinated development, the weak driving force for surrounding cities of the core cities, and the non-distinctive characteristic of small and medium-sized cities. For these problems, the report puts forward some comprehensive controlling countermeasures and suggestions from problem orientation, target orientation and project orientation.

Key words: Green and Smart City; Urban Development; Urban Pattern; Index; Sustainable Development

目 录

导论 绿色智慧城市：未来城市的发展方向 …………… (1)

第一章 绿色智慧城市发展的背景与意义 …………… (6)
 第一节 绿色智慧城市建设是人类文明发展的
    必由之路 ……………………………………… (6)
 第二节 绿色智慧城市建设已成为全球城市发展的
    必然趋势 ……………………………………… (9)
 第三节 绿色智慧城市是我国城市发展的内在要求 …… (13)

第二章 绿色智慧城市发展的内涵与特征 …………… (19)
 第一节 绿色智慧城市的定义 ……………………… (19)
 第二节 绿色智慧城市的内在要求 ………………… (21)
 第三节 绿色智慧城市的基本特征 ………………… (26)

第三章 绿色智慧城市指标体系 …………………… (32)
 第一节 相关指标体系的考察 ……………………… (32)
 第二节 指标体系构建 ……………………………… (38)
 第三节 指标解释 …………………………………… (40)

第四章 指数结果分析 ……………………………… (49)
 第一节 指数分析方法与计算过程 ………………… (49)
 第二节 绿色智慧城市排行榜 ……………………… (52)

第三节　绿色智慧城市分指数排行榜 …………………（62）
　　第四节　绿色智慧城市群排行榜 ………………………（79）
　　第五节　绿色智慧城市群分指数排行榜 ………………（83）
　　第六节　绿色智慧城市的空间关系分析 ………………（90）

第五章　绿色智慧城市建设的对策与建议 ………………（98）
　　第一节　问题导向 ………………………………………（98）
　　第二节　目标导向 ………………………………………（101）
　　第三节　工程导向 ………………………………………（103）

附录一　中国绿色智慧城市建设大事记 …………………（109）

附录二　中国绿色智慧城市建设示范城市 ………………（114）

参考文献 ……………………………………………………（129）

后记 …………………………………………………………（132）

导论　绿色智慧城市：未来城市的发展方向

城市是人类文明发展的结果，并且一直随着文明的发展而发展。依照改造自然的程度和阶段不同，人类文明可以划分为依次提升的不同形态——原始文明、农业文明、工业文明，以及"后工业"的"生态文明"或"智能文明"。"生态文明"在城市的实践，即生态城市建设；"智能文明"在城市的实践，即智慧城市建设。

随着人类迈入信息化、智能化时代，生态城市和智慧城市建设日益结合，绿色智慧城市建设必将成为未来城市的发展方向。所谓绿色智慧城市，是指依据生态文明和信息文明理念，运用大数据资源和信息科技手段，完善城市规划设计，提升绿色生产（循环经济）水平，促进市民绿色消费，改善城市生态环境，提升城市运营管理水平和宜居程度，在生产力高度发展的基础上建设的人与自然、人与社会、人与人和谐的现代城市。它旨在环境优美的基础上，将生态化与信息化、智能化有机结合起来，有效解决经济增长与自然环境承载力之间的矛盾，在经济高度发展的基础上实现人与自然更高层次的和谐统一。

绿色智慧城市为城市发展描绘了一张全新的蓝图，指明了现代城市建设的方向。中国正在建设的雄安新区，就正在按照绿色、智慧等理念进行规划、设计。

第一，以人为本是绿色智慧城市建设的核心。

生态文明、信息文明不是"非人的文明"，不是与人无关的文明，它明确地指向人的生存和活动环境，指向人的生活质量和幸福指数，指向人的自由、全面、可持续发展。良好的生态环境、便捷的社会生活、高效的城市治理是最为公平的公共产品，是最为普惠的民生福祉。

在中国的城市化浪潮中，城市建设理念日益趋向以人为本，或"以市民为中心"。例如，2015年，中央城市工作会议指出："做好城市工作，要顺应城市工作新形势、改革发展新要求、人民群众新期待，坚持以人民为中心的发展思想，坚持人民城市为人民。这是我们做好城市工作的出发点和落脚点。"[①] 2016年，《中共中央国务院关于进一步加强城市规划建设管理工作的若干意见》要求："把以人为本、尊重自然、传承历史、绿色低碳等理念融入城市规划全过程，让人民生活更美好。坚持共享发展理念，使人民群众在共建共享中有更多获得感。以加强和改进城市规划建设管理来满足人民群众日益增长的物质文化需要，以提升市民文明素质推动城市治理水平的不断提高。"[②] 习近平总书记明确提出："坚持以创新、协调、绿色、开放、共享的发展理念为引领，以人的城镇化为核心，更加注重提高户籍人口城镇化率，更加注重城乡基本公共服务均等化，更加注重环境宜居和历史文脉传承，更加注重提升人民群众获得感和幸福感。"[③] "十三五"规划指出要"坚持以人的城镇化为核心"，推进新型城镇化。"人民是推动发展的根本力量，实现好、维护好、发展好最广大人民的根本利益是发展的根本目的。必须坚持以人民为中心的发

---

① 《中央城市工作会议在北京举行 习近平李克强作重要讲话》，《人民日报》2015年12月23日第1版。

② 《中共中央国务院关于进一步加强城市规划建设管理工作的若干意见》，《人民日报》2016年2月22日第6版。

③ 《习近平对深入推进新型城镇化建设作出重要指示强调 坚持以创新、协调、绿色、开放、共享的发展理念为引领 促进中国特色新型城镇化持续健康发展》，《人民日报》2016年2月24日第1版。

展思想，把增进人民福祉、促进人的全面发展作为发展的出发点和落脚点，发展人民民主，维护社会公平正义，保障人民平等参与、平等发展权利，充分调动人民积极性、主动性、创造性。"[①] 2017年，党的十九大报告也明确提出了要坚持以人为中心。

在中国城市化进程中，将以人为本作为城镇化建设的核心理念，就是要以市民为中心，把广大市民的当前利益和长远利益、局部利益和整体利益进行有效协调，更加注重环境宜居、历史文脉传承和城市的可持续发展，更加注重保障市民的合法权益、提升市民的获得感和幸福感，使现代城市真正成为广大市民安居乐业、和谐愉悦的家园。

第二，可持续的跨越式发展是绿色智慧城市建设的要义。

"可持续发展"是现代城市发展的基本要求。"可持续发展"的最终目标指向是"发展"，而要害则是"可持续"。即是说，"发展"是目的，而"可持续""绿色"则是方式、手段。例如，我们不能采取比工业时代城市水平更低的城市建设模式，例如忽视或者牺牲经济发展，以前工业文明的方式，例如回到节奏缓慢、田园牧歌式的农业时代的方式，不顾城市已经积聚的大量人口、产业、商业等，简单地追求森林城市、田园城市，重建人与自然的平衡。例如，不能因为觉得汽车、轮船、火车、飞机排放有害气体太多，污染环境，就彻底改弦易辙，开历史倒车，干脆使用相对"清洁"的牛车、马车、人力车、自行车……

"跨越式发展"是现代城市发展的重要方式。绿色智慧城市的建设绝不能故步自封，需要有长远的、高瞻远瞩的战略眼光。绿色智慧城市是先进的现代城市，它建立在当代高新科技成果的基础之上，是超越了以前城市发展水平、质量得以提升特别是得到了智慧化发展的现代城市。

[①] 《中华人民共和国国民经济和社会发展第十三个五年规划纲要》，《人民日报》2016年3月18日第1版。

绿色科技、智能科技是新型城市建设的核心要素，是城市创新发展的关键所在。既然要"跨越式发展"，它就高度依赖科技创新，特别是绿色科技、智能科技的创新，通过生产的信息化、智能化，信息产业的崛起，实现经济发展方式和社会发展方式的转型，推动城市实现跨越式发展，建设经济繁荣、高度发达、舒适便捷的环境友好型城市。

第三，绿色智慧城市建设的几个关键词。

绿色智慧城市是一个"新事物"，目前全世界都在探索之中，没有固定的建设思路，更没有通用的建设模式。或许，我们必须把握以下几个关键词。

一是"生态化"，即必须坚持绿色、低碳、节能、环保理念，建设新型绿色城市。绿色城市建设既包括生态城区建设，也包括绿色能源、绿色建筑建设，既包括循环经济产业建设，也包括市民的环保观念和绿色消费习惯的养成。其中，特别需要提升绿色建筑比率、绿地率、绿色交通比例、可再生能源利用率、土地集约利用率、材料和废弃物回用比例、非传统水资源利用率等。

二是"智能化"。从宏观上看，信息化、大数据、云计算、物联网、人工智能等使城市规划、建设、管理建立在更加科学的基础上，城市生产更加高效，城市运行更加顺畅，城市生活更加便捷，城市治理更加合理。在此方面，重在建成技术先进、结构合理、协调发展、绿色安全的云数据中心体系，提升信息基础设施集约化水平，使一切城市设施变得更"聪明"，越来越"善解人意"；重在通过发展智能产业、电子商务、电子政务、远程教育、远程医疗……全面提升城市生产、生活、运营管理的信息化、智能化水平。

三是"人文化"，即推动人文城市建设。一方面，必须落实以人为本的原则，落实市民的城市主人翁地位，调动广大市民参与城市建设、管理的积极性，建设"以市民为中心"的健康、宜居城市；另一方面，必须尊重城市历史，保护文化多样性，解决

"千城一面"的问题。中国过去的城市规划、设计、建设乃至建筑风格都过于雷同，令人生厌；在目前的绿色智慧城市建设中，做法也是大同小异，缺乏城市个性、城市特色。因此，如何因地制宜，发挥地域文化优势，深入发掘每个城市特有的历史文化资源，建设有个性、有特色的现代人文城市，是摆在我们面前的一个课题。

第四，绿色智慧城市建设国家智库报告编纂的基本构想。

为了实质性推动中国绿色智慧城市建设，我们拟立足时代的变迁、文明的转型，编纂年度性的绿色智慧城市建设发展报告，总结全球特别是中国绿色智慧城市建设的经验和教训，为中国城市的未来发展献计献策，作出贡献。

为此，我们简明扼要地梳理了国内外绿色智慧城市建设的历程，深入讨论了绿色智慧城市的内涵与外延，在广泛征求意见的基础上，提出了绿色智慧城市的量化指标体系。基于这一指标体系，我们建立了模型，广泛收集数据，对中国绿色智慧城市的建设状况进行了统计、排名。依据排名，对各城市（群）的具体建设状况进行分析，指出了建设的成就和存在的问题，并对今后的建设侧重点提出了建议。最后，根据未来城市的发展方向和中国城市的发展现状，提出了系统推进中国绿色智慧城市建设的意见和建议。

由于绿色智慧城市是一个新理念，中国和世界的相关建设都刚刚起步，可供参考、借鉴的理论观点和实践经验都十分有限，因而我们的创新性探索难免存在稚嫩和不当之处，甚至可能存在一些错谬。真诚欢迎各界朋友不吝批评、指正，以使我们在今后的研究和编纂过程中不断加以改进、完善，共同为中国乃至世界的绿色智慧城市建设贡献力量。

（执笔：孙伟平、曾刚）

第一章 绿色智慧城市发展的背景与意义

绿色智慧城市是依据生态文明和信息文明理念，运用大数据资源和信息科技手段，完善城市规划设计，提升绿色生产（循环经济）水平，促进市民绿色消费，改善城市生态环境，提升城市运营管理水平和宜居程度，在生产力高度发展的基础上建设的人与自然、人与社会、人与人和谐的现代城市。它旨在环境优美的基础上，将生态化与信息化、智能化有机结合起来，有效解决经济增长与自然环境承载力之间的矛盾，在经济高度发展的基础上实现人与自然更高层次的和谐。绿色智慧城市为现代城市发展描绘了一张全新的蓝图，是现代城市建设的方向。

第一节 绿色智慧城市建设是人类文明发展的必由之路

依照改造自然的程度和阶段不同，人类文明可以划分为依次提升的不同形态——原始文明、农业文明、工业文明，以及"后工业"的"生态文明"和"信息文明"（智能文明）。在原始文明时期，即远古时代，自然是被神化的，人类对自然的态度是恐惧和敬畏，因此人类崇尚人与自然浑然一体的自然文化，即混沌的原始文化。在农业文明时期，即古代社会，人对自然的态度是依附、顺从，人类崇尚人与自然亲和的人文文化，即经验的农业文化。在工业文明时期，即工业革命以来的近现代社会，人类把自然物化，征服论自然观占据支配地位，人类对自然的态度表现为征服和利用，人类崇尚人与自然分裂对立的科技文化，即理性的工业文明。①

"生态文明"在城市的实践即"生态城市"。生态城市是依照生态文明理念，按照生态学原则，利用信息技术手段，建立的经济、社会、自然协调发展的新型城市，是高效利用环境资源，实现以人为本的可持续发展的新型城市。"信息文明"（智能文明）在城市的实践即"智慧城市"。智慧城市是基于物联网、云计算、人工智能等技术而形成的一种新型信息化的城市形态，是集自我创新功能、时空压缩功能、自动识别功能、智慧管理功能于一身的高度数字化、网络化、精准化、智能化的信息集合体。②IBM 公司作为"智慧地球"理念的提出者，2009 年把智慧城市定义为"充分利用信息化相关技术，通过监测、分析、整合及智能响应的方式，综合各职能部门，整合优化现有资源，提供更好的服务、绿色的环境、和谐的社会，保证城市可持续发展，为企业及大众建立一个优良的工作、生活和休闲的环境"③。

而绿色智慧城市则是生态城市与智慧城市的深度融合，这也是未来城市的发展方向。

随着人类文明的进步，工业化的快速推进引起了众多环境问题，如在工业化过程中排放大量废水、废气、废渣带来的环境污

---

① 王凤才：《推进绿色发展，建设生态文明》，《2018 年全国两会专题报道》，2018 年 3 月 15 日，杭州网（http：//z. hangzhou. com. cn/2018/qglh/content/2018－03/15/content_ 6822208. htm）。

② 牛文元：《智慧城市是新型城镇化的动力标志》，《中国科学院院刊》2014 年第 1 期。

③ 汪芳、张云勇、房秉毅等：《物联网、云计算构建智慧城市信息系统》，《移动通信》2011 年第 15 期。李建明：《智慧城市发展综述》，《中国电子科学研究院学报》2014 年第 3 期。

染问题，由于不合理开发利用自然资源导致的森林锐减、水土流失、土地沙漠化和物种灭绝等生态破坏问题。20 世纪 60 年代以来，全球性生态危机日益加剧，生态问题逐渐成为威胁人类生存和发展的最大问题之一。1992 年，1700 多名科学家联名在国际权威杂志 BioScience 上发布了《对人类的第一次警告》，该报告称，由于臭氧空洞、水和空气污染、森林砍伐、土壤枯竭情况以及人类干扰环境造成的其他后果，地球上人类的生命会被毁灭。2017 年 11 月，来自 184 个国家的 15000 名科学家联名在 BioScience 上发布了《对人类的第二次警告》，该报告对自 25 年前发出"警告"以来所发生的一切作了总结，指出人类在解决环境问题方面还没有取得足够的进展，而且许多问题变得更加严重，其中全球气候变化是主要问题。人类增加了 20 亿，与此同时，许多哺乳动物、爬行动物、鱼类的种类则减少了 30%。科学家们指出，"要避免走上我们人类彻底灭亡的道路，已经快要太迟了"。

中国作为全球第二大经济体，对全球资源和世界市场的依赖程度较高。[①] 中国在 20 世纪 50—70 年代的工业化过程中，曾经出现过重工业"过重"的不协调状况。然而，21 世纪开始又来了一次大规模的能源重化工业扩张。这次重化工业的扩张使中国经济总量在很大基数之上翻了两番。高消耗、高污染的重化工业产品产量的大幅度增长，带来严重的环境污染和空前的自然资源消耗。总体来看，环境污染及其对国民生命健康的威胁已经成为广大民众的沉重负担，已经成为对党和政府执政能力的重大挑战，水污染、大气污染、土壤污染、近海海洋污染成为中国当前发展过程中亟须解决的环境难题。

综合而言，随着人类文明的不断进步，生态文明与智慧文明应逐渐引起重视，并结合绿色与智慧致力于解决发展中的环境污

---

① 陆大道：《中速增长：中国经济的可持续发展》，《地理科学》2015 年第 10 期。

染难题，因为绿色与智慧已成为城市建设的重要理念，所以绿色智慧城市建设成为人类文明演进过程中必须经历的阶段。

第二节　绿色智慧城市建设已成为全球城市发展的必然趋势

绿色，是实现城市宜居宜业的环境保障。西方发达国家在率先实现工业化，又深受生态环境问题困扰后，深刻体会到了建设绿色城市的重要性。自20世纪60年代开始，以英、美、德、日为代表的西方国家率先开展城市绿色生态建设。美国引领世界，在发展信息高速公路的基础上率先提出智慧城市，并成为世界信息和通信技术创新应用的开拓者、智慧城市战略和政策的世界领跑者，实现了智慧城市产业体系和企业高度发达、智慧城市建设质量和规模世界领先。欧盟、日本、韩国和新加坡等先后顺应该趋势，开展智慧城市建设，并将其纳入本国城市战略。之后，一些发展中国家也将智慧城市作为城市战略推行起来，如印度于2015年确定了100个试点城市，其中20个得到了中央和联邦的财政支持。绿色智慧城市，已经成为世界多数国家城市建设的主导方向和核心策略。

据不完全统计，目前全球范围内，超过400个城市提出了"智慧城市""智能城市""数字城市"等智慧城市发展计划。智慧城市建设开展较早且已经取得一定成效的国家主要集中在欧美和东亚。吴志强选取了欧洲10个[①]具有一定国际知名度的城市，对其302个智慧城市建设实践项目特征进行了分析，发现其中74%的项目为技术应用类项目（智能技术类项目比重超过

---

① 这10个城市是：阿姆斯特丹、伯明翰、桑坦德、巴塞罗那、巴黎、里斯本、赫尔辛基、柏林、伦敦、哥本哈根，参见吴志强《欧洲智慧城市的最新实践》，《城市规划学刊》2014年第5期。

56%），体现出欧洲城市现阶段在推进智慧城市建设中仍然较为重视智能技术的普及和应用；同时，在302个项目中节能减排（88个）、民生保障（83个）、公平透明（57个）、发展转型（37个）、资源集约（22个）、宣传营销（15个）的数量分布，体现出欧洲智慧城市建设对能源问题和民生问题的关注和重视，并在关注政府政策公平和透明的同时，也试图借助智能技术推动经济发展转型，而不同城市推进智慧城市建设所要达成的目标各有侧重。

王广斌对欧洲国家智慧城市建设实践案例进行了梳理，指出欧洲智慧城市建设因各自城市自身特征和面临问题的差异性而表现出多样性与差异性，但在一些关键点上则体现出共同的关注，诸如如何通过智慧城市建设、三螺旋网络的构建实现包容性增长，如何才能让智慧城市成为居民希望居住和企业想要留下来继续发展的地方，如何实现跨组织、多部门协同发展机制，如何解决智慧城市建设中的资金短缺问题，如何评价智慧城市建设的现实效果，等等。[①]

世界各国为了实现经济长期可持续发展，纷纷采取了多项措施促进绿色智慧城市建设。下面我们分别对美国、北欧、新加坡和我国台湾等国家和地区的绿色智慧城市发展状况进行介绍。

（一）美国的绿色智慧城市建设

美国绿色智慧城市建设突出表现在智能化方面，同时强调居民对城市可持续发展的责任感。

（1）建设目标：提出"智慧星球"概念，建设新一代的智慧型信息基础设施。

（2）建设措施：重视智能化建设，以迪比克市为例，市政府

---

① 王广斌：《欧洲智慧城市建设案例研究：内容、问题及启示》，《中国科技论坛》2013年第7期。

与 IBM 合作，计划利用物联网技术将城市的所有资源数字化并连接起来，含水、电、油、气、交通、公共服务等，进而通过监测、分析和整合各种数据，智能化地响应市民的需求，并降低城市的能耗和成本。

（3）建设成效：迪比克市率先完成了水电资源的数据建设，给全市住户和商铺安装数控水电计量器，不仅记录资源使用量，还利用低流量传感器技术预防资源泄漏，仪器记录的数据会及时反映在综合监测平台上，以便进行分析、整合和公开展示，更重要的是，迪比克市向个人和企业公布这些信息，使他们对自己的耗能有更清晰的认识，从而对可持续发展有更多的责任感。

（二）北欧的绿色智慧城市建设

北欧绿色智慧城市建设突出表现在智能交通建设方面，通过智能交通建设促进节能减排和减少拥堵。

（1）建设目标：缓解交通拥堵和空气污染问题。

（2）建设措施：以瑞典首都斯德哥尔摩为例，其在治理交通拥堵方面取得了卓越的成绩。瑞典国家公路管理局和斯德哥尔摩市政厅通过智慧交通的建设，既缓解了城市交通堵塞，又减少了空气污染问题，现在智能交通系统已经成为斯德哥尔摩的标签。该市在通往市中心的道路上设置了 18 个路边监视器，利用射频识别、激光扫描和自动拍照等技术，实现了对一切车辆的自动识别。

（3）建设成效：欧盟对于智慧城市的评价标准包括智慧经济、智慧环境、智慧治理、智慧机动性、智慧居住以及智慧人六个方面。而北欧国家在通过智能交通建设促进节能减排方面成效显著。借助这些设备，斯德哥尔摩市在周一至周五 6 时 30 分至 18 时 30 分之间对进出市中心的车辆收取拥堵税，从而使交通拥堵水平降低了 25%，同时温室气体排放量减少了 40%。

（三）新加坡的绿色智慧城市建设

新加坡绿色智慧城市建设突出表现在电子政务建设方面，为居民提供了极大的便利。

（1）建设目标：建设以资讯通信驱动的智能化国度和全球化都市，并成为全球资讯通信业最为发达的国家之一，提升各个领域的生产力和效率。

（2）建设措施：智慧城市发展的基石是完善的资讯通信基础设施。2006年6月推出了资讯通信发展蓝图《智慧国2015计划》，政府门户网站公开了50多个政府部门的5000多个数据集。新加坡建立起了一个"以市民为中心"，市民、企业、政府合作的电子政府体系，让市民和企业能随时随地参与各项政府机构事务。

（3）建设成效：据新加坡政府2016年电子政府调查显示，93%的民众在办理政府业务的过程中采用过电子方式，相比2010年的84%，上升了9%。在交通领域，新加坡推出了电子道路收费系统（Electric Road Pricing）等多个智能交通系统；在医疗领域，开发了综合医疗信息平台；在教育领域，通过利用资讯通信技术，大大提升了学生对学习的关注度；在文化领域，国家图书馆部署了一套灵活而性能超强的大数据架构，通过云端计算的模式，处理从战略、战术到实际业务的不同分析需求，提供高性价比的解决方案。

（四）我国台湾地区的绿色智慧城市建设

我国台湾地区的绿色智慧城市建设突出表现在信息化建设方面，通过不断完善宽带网络设施，促进文化、经济和市政建设。

（1）建设目标：借助宽带网络设施，优化市政服务、创造经济增长、建立市民互动社交网络并驱动文化交流。

（2）建设措施：以新北市为例，宽带基础设施的高度普及，使新北市民和企业得以不断智慧化其生活、工作和学习模式，成为创新活力的基础和关键。新北市不同于其他城市只将宽带网络作为沟通用途，而是进一步以"云"提升宽带作用，由政府带头协调提供云端资源协助中小企业发展，如由市政府推动的"企业金斗云"项目，将各大电信运营商和云端服务提供商连接起来，提出各种专属、优惠的中小企业商务云服务，为新北市中小企业朝科技化转型提供很大帮助，这在其他正积极发展智慧城市的国家和地区，是非常罕见的创新做法。

（3）建设成效：国际智慧城市论坛（Intelligent Community Forum，ICF）是推动、评比全球城市经济及社会发展的重要国际组织，其评比颁发的奖项更被视为城市的重要荣誉。在2013年以来ICF评选出的Top7城市中，中国台湾地区有多座城市上榜，其中台中市被评为2013年国际智慧城市年度最佳城市，新北市2014年、2015年连续两年入选Top7城市，体现出我国台湾地区在智慧城市建设中的成绩和优势。在市政服务领域，新北市政府借助云端科技整合各职能部门资料，让市民可以在29个区公所得到相同的服务（跨区服务）；利用资讯科技构建All in One整合服务，让民众只要进行户籍资料变动，即可同步更新不同职能部门的相关资料，而不用到不同部门办理更新（跨机构或职能部门通报服务）；在智慧创新领域，新北市的智慧创新也落实在传统产业的转型与增值服务上，让整个城市发展同时兼顾传统文化与科技化。如莺歌陶瓷文化转型、研发出咖啡纱等，都是在新北市政府的协助下，成功将创新科技整合到传统文化技艺上，为传统文化产业添上新衣，延续传统文化的生机。

第三节　绿色智慧城市是我国城市发展的内在要求

绿色智慧城市是我国城市发展的内在要求，不仅表现在区域发展的现实需求方面，也表现在政策要求方面。作为典型的快速发展的亚洲国家之一，中国的城镇化发展十分迅速，根据国务院发布的"十三五"规划，到2020年，中国常住人口城镇化率将达到60%。但是，中国的迅速发展也带来了能源短缺、交通拥堵、环境污染等亟待改善的"城市病"，智慧城市则是解决这一问题的良药。这一点在政策上也已有所体现："十三五"规划期间，国家对智慧城市的投资总规模达5000亿元，并利用智能创新技术，加紧规划和制订更为环保的方案，将能源结构多样化，提高能源效率，以满足电网、交通及建筑领域的能耗需求。实际上，我国从20世纪80年代起，就开始强调城市绿色发展的重要性，并逐步上升到生态文明制度的高度，出现了绿色创新的先锋城市——深圳等一批典型。以绿色生态城区为代表的十余个地方城市规划创新在北京长辛店新城、无锡太湖新城和深圳光明新区等获得实践成功，有效促进了我国绿色城市的标准化建设。

近年来，在各地政府和企业的共同推动下，我国智慧城市建设如火如荼。智慧城市在基础设施、项目建设等方面取得显著进展，部分智慧城市专项应用亮点纷呈，"互联网+"成为智慧城市服务新入口。具体而言，我国绿色智慧城市突出表现在以下几个方面，这也进一步论证了绿色智慧城市正在成为我国城市建设的内在要求。

（一）绿色智慧城市相关政策密集出台

近年来，国家各部门陆续发布相关配套政策引领智慧城市有序发展。国务院从普适性的角度提出战略性发展举措；各部委结合自身业务出台政策支持发展智慧城市，推进"互联网+"与各领域融合。

2013年9月29日，工信部发布了《信息化发展规划》，提出要"引导智慧城市建设健康发展"；2012年12月5日，住建部发布了《关于开展国家智慧城市试点工作的通知》，并印发了《国家智慧城市试点暂行管理办法》和《国家智慧城市（区、镇）试点指标体系（试行）》，住建部还与国家开发银行开展合作，为全国智慧城市建设提供建设资金 800 亿元；2014 年 1 月，国家发改委发布了《关于加快实施信息惠民工程有关工作的通知》，决定开展 11 大信息惠民任务和计划；2014 年 4 月，科技部联合住建部发布了《关于公布国家智慧城市 2014 年度试点名单的通知》；2014 年 8 月，国家发改委、工信部等八部委联合出台了《促进我国智慧城市健康有序发展指导意见》；2015 年 6 月，交通运输部发布《关于进一步加快推进城市公共交通智能化应用示范工程建设有关工作的通知》，提出要打造综合、高效、准确、可靠的城市公共交通信息服务体系，全面提高城市公共交通智能化水平；2015 年 1 月，国家旅游局正式启动国家智慧旅游公共服务平台项目建设，以 12301 为旅游公共服务号，推进智慧旅游发展；2015 年 5 月，商务部发布了《"互联网＋流通"行动计划》，旨在加快互联网与流通产业的深度融合，推动流通产业转型升级；2017 年 4 月，中共中央、国务院正式公布设立河北雄安新区的决定，明确提出要将雄安新区建成绿色智慧新城，建成国际一流、绿色、现代、智慧城市；2017 年 10 月，党的十九大报告将降低资源消耗进一步细化为降低能耗、物耗，将推动资源节约作为中国绿色发展的重点工作之一；2018 年 3 月，十三届全国人大一次会议表决通过了《中华人民共和国宪法修正案》，将生态文明历史性地写入宪法，同时表决通过了关于国务院机构改革方案的决定，组建生态环境部。一系列政策文件表明，绿色智慧城市建设已成为中国城市未来发展的必然选择。

（二）绿色智慧城市是我国新型城镇化的重要方向

近年来，我国智慧城市建设快速发展，国家顶层设计与政策也正逐步到位。集中式的一体化的数据中心，如云计算、物联网、大数据、人工智能等都是智慧城市建设的重点。

智慧城市正成为我国新型城镇化的一个重要方向。国家统计局数据显示，2017年城镇常住人口8.13亿人，城镇人口占总人口比重58.52%，同时我国城镇化面临人口资源环境和交通压力，北京、上海、深圳等地大城市病凸显，雾霾、交通拥堵、城市管理、社会治理和公共服务等矛盾日益突出，绿色智慧是当前城市建设的迫切诉求，也是提高城市可持续发展能力的重要手段、途径及新型城镇化的重要战略方向（见图1-1）。

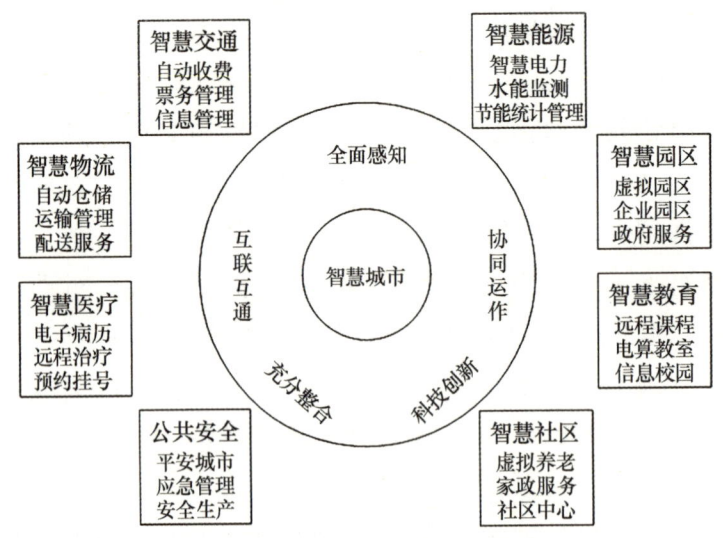

图1-1 2017年中国智慧城市建设的重点领域

资料来源：风华正茂科技O2O研究院《2017年智慧城市建设发展情况分析》，http：//www.fenghuaapp.com，2017-07-07。

因此，"十三五"期间我国把智慧城市作为新型城镇化发展的一个重点方向，2018年又提出以"互联网+"为代表的特色智慧小镇，打造1000个特色智慧小镇。

（三）城市管理和公共服务向精细化、智慧化发展

随着信息技术的进步，我国城市管理和公共服务也向精细化、智慧化方向发展，具体表现在以下四个方面：

一是城市管理模式进一步升级。自2011年我国城镇化率首次突破50%以来，新城开发和既有建筑改造保持高速增长，可持续城镇化和可持续城市面临严峻的资源环境和交通压力，城市建设模式迫切需要转型。《新型城镇化发展规划》将智慧城市列为我国城市发展的三大目标之一，并提出到2020年，建成一批特色鲜明的智慧城市。

二是"互联网+"便捷交通爆发式增长。2016年8月，在国务院的统一部署下，国家发展改革委和交通运输部联合发布了《推进"互联网+"便捷交通促进智能交通发展的实施方案》（以下简称《实施方案》），对促进交通与互联网深度融合、推动交通智能化发展提出了总体要求和具体任务。

三是涌现出一批"互联网+"教育服务典型。在教育部的推动下，各地开展了教育信息化"三通两平台"建设，即基础教育"宽带网络校校通、优质资源班班通、网络学习空间人人通"以及"教育资源公共服务平台、教育管理公共服务平台"。

四是"互联网+"医疗成为医疗行业发展方向。"互联网+智慧医疗"凝聚了信息化技术与医药科学的新成果，正在成为创新驱动卫生与健康事业发展的先导力量。"人在干、数在转、云在算"，依托互联网、云计算、大数据的新型健康服务模式已现端倪，并将为健康事业与健康产业发展插上信息化的"翅膀"。

（四）"互联网+"催生了众多智慧产业

一是"互联网+"制造步伐加快。汽车、家电、消费品等行业与互联网深度融合，众包研发模式、大规模个性化定制等"互联网+"与制造业融合创新应用模式不断涌现。

二是制造业与O2O融合成为应用亮点。一大批制造企业通过O2O整合线上线下资源，创新商业模式，探索个性化定制、按需制造等新型生产方式。

三是"互联网+"开放平台助推创业创新。在"互联网+"

时代背景下，京东、海尔等一些企业践行创新驱动战略，积极探索新模式、新业态，构建创业创新平台，为中小微企业提供价值服务。如京东推出的"京东到家"、POP开放平台等，为个人及中小企业提供一站式电子商务解决方案，向第三方卖家提供大数据、云计算等专业技术服务，促进中小企业营销的精准化。

四是电子商务持续快速增长。2017年10月，人民网研究院、社会科学文献出版社共同发布的《移动互联网蓝皮书：中国移动互联网发展报告（2017）》显示，截至2016年12月，中国移动应用的市场规模超过6050亿元人民币，在智能手机、移动通信网络和移动应用服务方面，处于全球领先地位。

（五）大数据产业初步发展

在我国智慧城市的建设中，大数据市场已经得到初步开发。虽然在整个智慧城市中的占比还不大，但是发展非常迅速。近年来，随着互联网和智能硬件的快速普及，数据以爆炸方式增长，数据量已经从TB级别跃升到PB乃至ZB级别。在全球数据总量增长率维持在50%左右的情况下，到2020年，全球的数据总量将达到40ZB。2016年，继国家发改委印发了《关于组织实施促进大数据发展重大工程的通知》后，环保部、国务院办公厅、国土资源部、国家林业局、煤工委、交通运输部、农业部均推出大数据发展意见和方案，大数据政策从全面、总体规划逐渐朝各大产业、各细分领域延伸，大数据产业发展也在逐步从理论研究走向实际应用之路。据前瞻产业研究院2017年12月发布的《大数据产业发展前景与投资分析报告》显示，2016年，全球大数据产业市场规模为1403亿美元，预计2020年将达到10270亿美元。

（执笔：曹贤忠）

第二章 绿色智慧城市发展的内涵与特征

当前，无论是中国还是世界，绿色智慧城市的探索都处于起步阶段，绿色智慧城市的概念和内涵仍处于不断演化和发展之中，绿色智慧城市的发展没有什么固定的模式。准确把握绿色智慧城市的内涵、要求和特征，有助于明确城市可持续发展过程中的主导因素和主要任务，并有效指导城市建设和管理的具体实践，从而更好地实现"集约、智能、绿色、低碳"的中国特色新型城镇化的目标。本章重新界定了绿色智慧城市在本书中的定义，阐述了绿色智慧城市的内在要求，并总结了绿色智慧城市的基本特征。

第一节 绿色智慧城市的定义

随着人类文明与科学技术以及城市自身的不断发展，关于城市未来的发展方向，学术界相继提出了生态城市、低碳城市、健康城市、数字城市、智慧城市等概念，对其认识与研究不断深化，促进了城市的可持续发展。

许多学者认为生态城市是依据生态文明理念，按照生态学原则建立的经济、社会、自然互惠共生、协调发展，物质、能源、信息高效利用，文化、技术、景观高度融合的城市。低碳城市是指以低碳经济为发展模式及方向、市民以低碳生活为理念和行为特征、政府公务管理层以低碳社会为建设标本和蓝图的城市。①健康城市力图实现人的健康与经济社会协调发展以及实现健康经济、健康文化、健康环境和健康管理的城市健康发展格局。②数字城市是利用信息技术手段把城市全方位在网络上进行数字化虚拟实现。③而智慧城市被认为是在数字城市的基础上所发展出的城市信息化高级形态，它是集自我创新功能、时空压缩功能、自动识别功能、智慧管理功能于一身的高度数字化、网络化、精准化、智能化的信息集合体。④

当前，智慧城市的建设正在全球范围内如火如荼地进行，然而智慧城市仅强调以信息技术为基础，依托信息产业的发展和技术创新应用推动城市经济社会发展模式转型和生产生活方式变革，⑤并没有关注到城市生态环境的可持续发展，缺乏从根本上驱动城市自我健康发展的理念。而生态城市的建设理念中则缺少以现代化智能科学技术和创新工具作为实现生态城市最终发展目标的手段，没有体现出城市发展中的集约性与智慧性，其发展一直以来受到较大的制约。相比之下，绿色智慧城市则是生态城市与智慧城市核心思想相结合的体现，高度整合了城市发展中低碳经济、循环经济、创意经济、智慧经济和人地协调共生等思想，以生态和智慧理念指导城市社会实践，实质上是一种基于创造性和知识资源的新的城市发展模式。

---

① 刘科举、孙伟平、胡文臻：《中国生态城市建设发展报告（2017）》，社会科学文献出版社 2017 年版。

② 武占云、单菁菁：《建设健康城市，打造健康中国》，《城市》2016 年第 19—20 期。

③ 梁军、黄骞：《从数字城市到智慧城市的技术发展机遇与挑战》，《地理信息世界》2013 年第 1 期。

④ 牛文元：《智慧城市是新型城镇化的动力标志》，《中国科学院院刊》2014 年第 1 期。

⑤ 辜胜阻、王敏：《智慧城市建设的理论思考与战略选择》，《中国人口·资源与环境》2012 年第 5 期。

生态城市与智慧城市的片面性意味着，为了实现城市的可持续发展，生态城市必须介入智慧城市的理念以提升生态城市的智慧水平，否则其影响力与目标的可达性将会下降；智慧城市必须介入生态城市的理念提升城市的生态水平从而改善人地关系并提高其生命力。当前许多城市将智慧城市建设作为拉动经济增长的手段，这被当作智慧城市的直接目标无可厚非，但是并不符合城市长远的发展目标与价值取向。我们所提出的绿色智慧城市的概念既不等同于生态城市，也不等同于智慧城市。与生态城市与智慧城市相比，绿色智慧城市更加强调以人为中心，兼具"生态性"与"智慧性"，在生态文明的理念下，充分利用信息化，以"智慧"为特征，使绿色生态成为发展方向，将信息技术与人文关怀有机结合，最终实现人口、资源、环境之间的协调发展。

基于以上考虑，我们认为，绿色智慧城市是生态城市和智慧城市的有机结合体，是依据生态文明和信息文明理念，运用大数据资源和信息科技、智能科技等手段，推动城市生态转型和高效运转，完善城市规划设计，提升绿色生产水平，促进市民绿色消费，改善城市生态环境，提升城市运营管理水平和宜居程度，在生产力高度发展的基础上建设的人与自然、人与社会、人与人和谐的现代城市。它旨在环境优美的基础上，将生态化与信息化、智能化有机结合起来，有效解决经济增长与自然环境承载力之间的矛盾，在经济高度发展的基础上实现人与自然更高层次的和谐统一。

第二节　绿色智慧城市的内在要求

绿色智慧城市的理念为城市的发展描绘了一张全新的蓝图，但从目前中国绿色智慧城市建设的现状来看，由于缺乏完善的绿色智慧城市的理论体系与宏观指导，人们对绿色智慧城市存在不同的理解，绿色智慧城市的建设大多局限在某些特定的领域，仍然停留在传统的市政、网络、服务设施等硬件基础的提升上，存在技术化的倾向，抑或是在进行环境保护的同时制约了经济的发展，无法兼顾经济发展与环境保护，对于绿色智慧城市的认识还停留在技术、物理层面上，不够全面透彻，这会带来大量新建资源利用率低、改进生态环境效果差等风险，无法较好地把控绿色智慧城市建设的方向。

绿色智慧城市的建设必须具有合理的顶层设计，能够从城市的全局出发，进行总体架构。顶层设计要对整个架构进行统筹考虑和设计，这是建立在对绿色智慧城市正确理解的基础上的。因此研究和构建完善的绿色智慧城市理论体系十分必要，只有正确而深刻地理解绿色智慧城市的内在要求，才能够对绿色智慧城市建设进行宏观指导，引导城市走向绿色智慧的正确道路，最终达到提升人类生活水平的目标。

不同于以往的生态城市或智慧城市理念，绿色智慧城市超越了人类征服自然的技术主导下经济优先的城市发展理念，采取人与自然协调发展、以智能技术为手段科学利用自然的发展路径，为现代城市的建设指明了发展方向。

（一）以人为本是绿色智慧城市建设的核心理念

城市是人类的栖居之所，也是人类的家园，不论这个城市多么"绿色"或者多么"智慧"，其目的都是服务于生活在其中的人类，提升人的健康水平、生活质量和幸福指数。生态文明、信息文明不是"非人的文明"，不是与人无关的文明，它明确地指向人的生存和活动环境，指向人的生活质量和幸福指数，指向人的自由、全面、可持续发展。良好的生态环境、便捷的社会生活服务、高效的城市治理是最为公平的公共产品，是最为普惠的民生福祉，因此绿色智慧城市的建设必须体现人文关怀。

绿色智慧城市倡导城市成为人类美好生活的地方，在尊重自然和社会规律的基础上，依托智慧技术，不仅为城市生活带来便利，并且使生活质量得到改善，为居民提供良好的交往与居住环境：包括清洁的空气和水、与自然环境协调的建筑、绿色智能且宁静美丽的社区、优化的空间分布等，以及良好的社会风气、高质量的社会服务、丰富的精神生活、有序的社会秩序等高质量的保障人人自由、平等、安全的社会人文环境。简言之，绿色智慧城市是以人为本的环境宜居、社会和谐、人民健康、服务便捷、富有活力的城市。绿色智慧城市追求城市整体综合功能最佳来满足人与自然健康发展的需要，同时注重公平地满足现代与后代在发展和环境方面的需要，使城市的发展与人的需求和进步相协调，不因眼前利益而掠夺其他地区的繁荣，不以牺牲后代的利益来保持目前的发展。

绿色智慧城市的文化功能、社会功能、创新功能、生态功能等都是围绕着人展开的，也就是说绿色智慧城市不仅包括良好的宜居环境，还包括良性永续的社会文化环境。城市中人与人的交往是在社会文化环境中进行的，因此绿色智慧城市中文化价值优良可持续也是城市发展的必然要求。总之，现代城市建设必须以城市居民为中心，更加注重环境宜居和历史文脉传承，更加注重提升城市居民的获得感、幸福感与健康水平，更加注重社会的公平正义，最终达到城市建设与城市居民的自由全面发展相适应的和谐状态。

（二）以自然生态系统与社会经济人文系统的良性健康可持续发展为目标

城市中人口、资源、能源等要素的集聚带来了城市生产消费系统的高效运行。工业时代城市发展的主要目标是实现经济的快速增长，但这种经济快速增长却带来了资源能源消耗的高度集中，引发了资源短缺、环境污染等一系列问题，严重影响到城市居民的生活环境质量与城市系统的持续发展。经过对城市建设实践与理论的不断反思，相继出现了"生态城市""低碳城市"

"智慧城市"等城市建设理念，试图推进城市发展更加清洁、智慧、便捷……环境质量与智能技术的发展使得人们在经济、社会、生态等方面对城市的发展提出了更高的要求。基于此，绿色智慧城市概念应运而生，与人们的愿景不谋而合。

绿色智慧城市是在对人与自然、人与人、人与社会关系的重新思考后一种新的城市发展模式。城市的健康发展依托于良好的生态环境和可持续资源，在绿色智慧城市中，物质与能量能够在不断进行的经济循环中得到持续利用，同时能够实现经济社会的可持续发展、人与自然协调发展以及人类生活质量改善，具体表现为经济高效、环境友好、生活舒适、各系统良性循环。[①] 绿色智慧城市追求经济效应与生态效益的统一，各子系统优化和谐共生，实现最大限度的和谐与共荣。换句话说，绿色智慧城市的发展目标是多元协调下的可持续发展，如能源利用的可持续、经济生产的可持续、城市文化价值的可持续，社会生活的可持续发展等。

（三）现代化智能科学技术是建设绿色智慧城市的重要手段

建设可持续发展的绿色智慧城市是一项极为复杂的巨大系统工程，借助现代化智能科学技术，城市自然环境的智能化与社会环境的智能化优化了城市资源和能源的配置，促进了自然与人文环境的和谐。不论是城市的生态环境还是城市社会人文经济环境都有一定的承载力，现代化智能技术的应用则提高了城市环境的阈值，使得城市实现自然生态系统与社会经济人文系统的良性健康可持续发展的目标变得愈加可能。

绿色智慧城市不仅仅是对智能技术的简单应用，而且是建立在物联网与互联网基础上的智能应用集合，融合了信息网络、产业创新和社会服务等体系。在城市智能信息网络中，信息数据能

---

① 赵弘、何芬：《论可持续城市》，《区域经济评论》2016年第3期。

够被快速地感知、测量、传输与存储，在此基础上，对信息数据的分析处理，将分析结果应用于交通、生产、社区等城市功能中，能够实现城市的自动化管理和决策，大大提高了整个城市的运行效率，简单来说就是智能智慧网络的自动监控、信息自动采集、分析处理与自动决策的过程。城市智能智慧系统的运行也促使原来城市的管理职能转变为城市的服务职能，各部门间能够相互协作、资源整合，最终建立起长效协调的绿色智慧城市服务模式。城市中各功能要素通过现代化智能技术整合成统一的城市智能智慧网络，以实现现实世界与网络信息世界的高度融合，推动城市管理、居民生活、公共服务、资源配置、生态环境等向高效集约方向发展。现代化智能科学技术将会引起城市生产消费模式的深刻变革，传统产业与新型产业的绿色化、智能化带来的产业发展与结构调整，有助于实现生态效益与经济效益的协同，使得环境保护不再成为经济发展制约条件。

（四）知识创新是绿色智慧城市可持续发展的根本动力

城市智能智慧系统是一种具有"人脑"的复合系统，不论是城市发展理念的转变，还是现代化智能技术的出现，都源自创新。在绿色智慧城市中，创新涉及社会文化环境和体制的创新以及科学技术创新等。社会文化环境与体制创新会为技术创新创造更好的孵化空间，而技术创新则会在一定程度上引起社会文化环境的变化，加速社会文化环境与体制的创新。两种创新相互作用、共同促进，从而进一步实现绿色智慧城市自然生态系统与社会经济人文系统的良性健康可持续发展。科学技术创新是绿色智慧城市发展的硬件基础，社会文化环境与体制创新为绿色智慧城市建设提供软环境。

人才是知识资源的载体，是创新的行为者，主要包括科学技术类人才、专业技能类人才、企业家类人才等。一方面，绿色智慧城市能够为各类创新人才提供包括制度、文化、硬件基础设施等在内的良好创新环境；另一方面，通过人才带来的创新，可以使得城市在经济生产、居民生活消费、社会文化价值等方面逐渐升级，优化调整、转型，从城市发展的内在进行驱动，在各系统的相互耦合作用下，形成绿色智慧城市更高级的发展表现形式，激发绿色智慧城市的发展潜能，塑造新的环境，推动城市各系统间协调可持续的发展。

第三节 绿色智慧城市的基本特征

绿色智慧城市以信息化为驱动，结合清洁技术的深入应用，推动城市生态转型和高效运转的建设运动，旨在通过先进适用技术应用和开发建设模式创新，综合运用信息科学和技术、生态经济学原理和系统工程方法去改变城市的生产和消费方式、决策和管理方法，挖掘市域内外资源潜力，建设一类生态高效、信息发达、经济繁荣的新型现代化城市。因此，我国绿色智慧城市的特征主要包括人本化、生态化、智能化、系统化四个方面，这四个方面是相辅相成、不可割裂的。

（一）人本化——以人为本

人本化，即以人为本是绿色智慧城市的重要特征。绿色智慧城市的建设和发展必须坚持以人为本，重视广大市民的感受。虽然绿色智慧城市的发展需要科学技术作为动力，但同时还应具有与其相适应的社会文化环境作为支撑。城市的发展关乎国家的未来，更关乎每一位在城市中生活的市民的未来，智慧生态城市建设，就要使每一位城市的居民都有归属感，有对于自己居住城市的自尊心、自信心、自豪感和居住在其中的幸福感。绿色智慧城市具有鲜明的属人色彩，绿色智慧城市本身就蕴含了人文关怀。城市建设的出发点、宗旨和使命都应该落实到人以及人所生活的环境。绿色智慧城市建设的核心是以人为本，人类是城市的主要载体，因此绿色智慧城市发展必须具备人本化的特征，绿色智慧城市最终要提升城市的宜居度，提升人的幸福感。

落实以人为本的原则，一方面要落实市民的城市主人翁地位，调动市民参与的积极性，建设"以市民为中心"的健康、宜居城市；另一方面要尊重城市历史，保护文化多样性，解决"千城一面"的问题。中国过去的城市规划、设计、建设乃至建筑风格都过于雷同；在今天的生态城市建设中，做法也是大同小异，缺乏城市个性、城市特色。需要因地制宜，发挥地域文化优势，发掘每个城市特有的历史文化资源，建设有个性、有特色的现代人文城市。

除了建设绿色生态的宜居环境，让居民能体会到智慧和绿色带来的生活便利化和良好的生态环境外，绿色智慧城市还应提供一个保障人人平等、自由、安全的社会环境，使城市生活质量、健康水平与社会进步、经济发展相适应，注重社会环境和谐发展，保障社会公平。同时，绿色智慧城市的可持续发展理念能够深入人心，让绿色智慧的思想观念贯彻在人们的生产生活实践中。

（二）生态化——绿色发展

生态化，即绿色发展是绿色智慧城市的显著特征，绿色智慧城市的发展要求遵循绿色、低碳、节能、环保的城市理念。建立城市生态保护与建设的长效机制，是应对气候变化、保护生态环境、改善城市生活质量的重要体现，从生态和能耗的角度对城市提出了可持续发展的更高要求。其中，绿色城市建设，包括绿色能源、绿色建筑、循环经济产业、绿色消费、绿色生态城区建设。绿色城市建设要求提升绿色建筑比率、绿地率、绿色交通比例、可再生能源利用率、土地集约利用率、材料和废弃物回用比例、非传统水资源利用率等。早在1971年，联合国教科文组织就在其发起的"人与生物圈（MAB）"计划中提出了生态城市的概念,《中国生态城市建设发展报告(2012)》中将生态城市定义为"基于社会、经济、人口、资源、环境可持续发展的,运用生态科学原理规划设计的,社会和谐、经济高效、自然生态良性循环的人类住居形式,是自然、城市和人融为有机整体的互惠共生结构"[①]。当前,生态化城市依然是城市发展必须遵循的理念,需坚持集约高效、低碳环保、生态和谐、绿色宜居的原则。

绿色智慧城市的顶层设计在战略上应以绿色为重,推行以循环经济为核心的经济运行模式,建设功能齐全的城市环境基础设施,建立快捷便利和清洁的城市交通系统,建立以清洁能源为主体的能源体系,建设环境优美、服务配套和高品质环境质量的生态居住区,开发和研制对环境有利的技术支撑体系,完善可持续发展的法律体系,提高全社会的环境保护意识和资源节约意识,倡导生态价值观和绿色消费观。

此外,绿色智慧城市具有深刻的生态内涵,其生态化不仅意味着城市通信、信息基础设施的绿色化,更是指在整个信息服务的生产和消费过程中贯彻绿色、环保、节能的理念,不对全球气候和环境产生不利影响。换句话说,绿色智慧城市建设不仅着眼于生态环境等外在形象,更注重城市的绿色经济内涵。绿色智慧城市的智能化为生态化的实现提供了技术支持,为生态化的实现赋予了更多的可能。除了智慧智能技术的支持,绿色智慧城市在社会观念形态上也在推动绿色智慧理念的贯彻执行,要求建立节能环保、生态和谐的社会文化。

(三) 智能化——数字科技

智能化即数字科技是绿色智慧城市的显著特征。数字科技是绿色智慧城市的核心标志,是实现绿色智慧城市的基础环节。城

---

① 李景源、孙伟平、刘举科:《中国生态城市建设发展报告(2012)》,社会科学文献出版社2012年版。

市数字科技可以将现实世界的工作在虚拟网络空间中实现，与之相对应的数字技术基础主要包括互联网、传感网、物联网、云计算、自动化和决策系统等。绿色智慧城市不仅是对智能技术的简单应用，更需要对信息网络、产业、公共服务等内容进行深入融合。这就要求绿色智慧城市建立的基础网络应首先快速感知、测量、存储和传输信息，然后在深入分析这些数据和信息之后，实现分析结果在城市管理、公共服务等方面的应用。例如，在物联网的支持下，实现低碳交通，形成绿色智慧交通模式。

大数据、云计算、物联网等数字科技为绿色智慧城市的建设提供了网络化和智能化，使城市规划、建设和管理建立在更加科学的基础上。通信网络、计算机网络和信息资源网络形成的信息高速公路构成城市大型信息平台和城市信息化的硬件，使计算机网络、卫星通信、电视、电话等系统集合起来，加强城市与全国及全世界的全面交流，促进城市生产、流通、管理、服务等各个环节的一体化和资源共享。绿色智慧城市的发展要求城市建成技术先进、结构合理、协调发展、绿色、安全的云数据中心体系，提升信息基础设施集约化水平。通过发展信息产业、电子商务、电子政务、远程教育、远程医疗等，提升城市生产、生活、管理的数字科技水平。

绿色智慧城市的建设和发展需要数字科技为其提供科学的决策依据。以互联网为平台，以计算机硬件、信息分析和决策支持、功能实现为目的的软件构成的数字科技网络，可以将政府及各部门的决策活动纳入科学化、规范化、民主化的过程。随着数字技术的快速发展，城市中应用数字技术的智能设备不断增多，极大地促进了城市管理方式的不断改善，城市决策模式也不断优化改进，数字技术在城市决策中起到了科学依据的作用，最终可以为广大市民创造更加舒适、便捷的生活环境。

（四）系统化——运行高效

系统化，即运行高效是绿色智慧城市的显著特征。运行高效是数字科技的应用,是绿色智慧城市建设的必然要求和必备特征。随着城市化进程的不断推进,政府对城市的管理日趋复杂,城市的规划、建设、日常管理和公众服务系统必将对信息技术的应用提出更高的要求,以提高城市的管理质量和快速应变能力。

运行高效是在数字科技的基础上,结合新出现的物联网、云计算、电子政务等技术而出现的,其目的在于促进知识共享和创新、提升城市整体运行效率。绿色智慧城市的高效运行要求城市具备一定的基础设施和智能要素,基础设施用于提供快速感知、测量、存储和传输信息的网络,并形成各城市信息子系统,随后智能要素深入分析城市信息子系统中的数据,并最终将结果应用于交通、能源、社区等城市功能要素方面,实现自动化管理和决策。

绿色智慧城市的高效运行要求城市发展智能化,包括智能交通、智能电网、智能水务、智能管网、智能建筑、职能政务等。数字科技和智能化使我们周围的一切变得"聪明"起来、越来越"善解人意",如智慧交通、智能路灯远程控制系统、城市绿化智能喷淋系统、空气质量智能检测系统等智能化的城市基础设施,对城市的全天候监控和智能响应,使城市运行变得更加顺畅。推动公共服务便捷化,在公共医疗卫生、教育文化、社会保障、社区生活等领域,综合应用多种信息技术,推动实现城乡居民享受高质、均等、便捷的服务。城市的高效运行不仅是数字科技的简单应用,更是一个融合信息网络、产业创新和社会服务的综合性理论体系。运行高效的发展使得城市发展更加具有"可持续性",同时城市可持续发展的需求也促进了运行高效的进一步发展。

绿色智慧城市的高效运行主要表现在两个方面:一是城市基础设施的高效运行,运用各种技术手段把各个信息孤岛连接成一个动态的信息网络,从而达到资源优化配置。二是城市治理的高效运行,主要是指通过转变管理方式,把数字科技应用到城市管理当中,把高效治理纳入政府由管理型政府向服务型政府转型的框架之中,使城市治理充分体现大众性,惠及广大人民群众,促进知识共享和创新、提升城市整体运行的效率。

(执笔:石庆玲、苏灿)

第三章 绿色智慧城市指标体系

本章在系统梳理国内外相关指标体系建设经验的基础上,对绿色智慧城市指标体系的构建框架进行了科学设计,并阐释了每个具体指标的选取依据。

第一节 相关指标体系的考察

从现有文献资料看,绿色智慧城市的构建框架与现有绿色、智慧、人文城市指标体系有较大关联。

(一)绿色城市指标体系

绿色城市指标体系涉及可持续发展、绿色、生态等。影响力较大的有联合国可持续发展委员会(UNSDC)及联合国政策协调与可持续发展部(DPSDC)发布的"联合国可持续发展委员会指标体系"(2001)[①],加拿大大不列颠哥伦比亚大学(UBC)提出的"生态足迹"(Ecological Footprint,简称EF)(1992)[②],华东师范大学曾刚教授团队主持并发布的"崇明生态岛建设指标体

[①] 参见联合国可持续发展委员会官方网站(https://sustainabledevelopment.un.org/globalsdreport/)。

[②] W. E. Rees, "Ecological Footprints and Appropriated Carrying Capacity: What Urban Economics Leaves Out", *Environment and Urbanization*, 1992, Vol. 4, No. 2, pp. 121 – 130.

系"（2010）①，耶鲁大学和哥伦比亚大学发布的"环境绩效指标体系"（Environmental Performance Index，简称 EPI）（2016）②，以及中国国家发展改革委、国家统计局、环境保护部、中央组织部联合制定的"绿色发展指标体系"（2016）和"生态文明建设考核目标体系"（2016）③ 等 25 种，共包含 336 个指标。通过对这些指标体系中的相同内涵指标进行归并处理，保留出现频率大于或等于 5 的指标，共筛选出 15 项高频指标（表 3-1）。

表 3-1　国内外绿色城市指标体系中高频指标一览表

排序	指标涵盖内容	涉及次数
1	单位 GDP 能耗	23
2	服务业（或高新技术）产业所占比重	19
3	森林覆盖率	18
4	新能源消费比重	16
5	各种制度、政策保障措施	14
6	人均绿地面积	11
7	AQI 指数（例如 <100 的天数比重）	9
8	节能建筑比例	8
9	单位能源污染物排放强度	8
10	人均可支配收入	7
11	绿色出行居民比例	7
12	研发投入占 GDP 比重	6
13	生活垃圾无害化处理率	6
14	人口预期寿命	5
15	工业"三废"排放达标率	5

---

① 曾刚：《我国生态文明建设的理论与方法初探——以上海崇明生态岛建设为例》，《中国城市研究》2014 年第 7 期。

② A. Hsu, A. Zomer, "Environmental Performance Index", *Wiley Stats Ref: Statistics Reference Online*, 2016.

③ 参见中国国家发展和改革委员会官方网站（http://www.ndrc.gov.cn/gzdt/201612/t20161222_832304.html）。

2017年12月26日，国家统计局发布了《2016年生态文明建设年度评价结果公报》，① 本书也将较多参考其制定的"绿色发展指标体系"作为"绿色"专题的选取依据。不过，由于该指标体系的评价尺度为省级层面，而本书更多关注的是城市层面，因此将结合城市的特点进行进一步筛选。

我们关注到"单位GDP能耗""服务业（或高新技术）产业所占比重"两个指标在绿色城市指标体系中出现的频率最高，在25个指标体系中出现了超过或接近20次，所以这两个指标将成为本书后续指标选取的重要参考。

同时，我们还关注到"人均可支配收入"等关乎社会民生的人文指标，也大量出现在上述成果中。进一步的，我们发现在《ISO城市可持续发展指标体系国际标准》《联合国可持续发展委员会指标体系》等许多国内外重要指标体系中，都特别设置了关于城市人文环境、居民生活水平的主题。这也为本书中人文主题的构建提供了可靠依据。

（二）智慧城市指标体系

随着社会各界对智慧城市建设的重视程度不断增加，相关指标体系应运而生。2007年，IBM提出了"Smart City"的概念，② 欧盟（EU）发布了"EU中等规模城市智慧排名评价指标"（2007）③；2012年，IBM发布了"IBM智慧城市评估标准和要

---

① 参见中国国家统计局官方网站（http://www.stats.gov.cn/tjsj/zxfb/201712/t20171226_1566827.html）。

② P. Neirotti, A. De Marco, A. C. Cagliano, et al., "Current Trends in Smart City Initiatives: Some Stylised Facts", *Cities*, 2014, Vol. 38, pp. 25–36.

③ R. Giffinger, N. Pichler-Milanovi, *Smart Cities: Ranking of European Medium-sized Cities*, Centre of Regional Science, Vienna University of Technology, 2007.

素"（2012）①，我国国家住建部发布了"国家智慧城市试点指标体系"（2012）②，上海市浦东新区发布了"智慧城市指标体系"（2012）③；2016年，国家质检总局与国家标准化委员会联合发布了"新型智慧城市评价指标"（2016）④，浙江等地根据国家标准化委员会发布的《智慧城市实践指南》制订了"浙江省智慧城市标准体系"（2016）⑤。

通过比较可以看出，IBM、欧盟所构建的指标体系其优点是结构较为简洁、清晰。例如，欧盟的指标体系有"智慧经济""智慧管理""智慧环境""智慧交通""智慧人文""智慧生活"6个主题，以20余个指标对智慧城市的内涵进行了高度概括，IBM的指标体系与欧盟的指标体系类似。不过，该类指标体系的问题在于对我国国情的针对性不强，且没有充分注意到政府的主导作用。因此，我们在借鉴使用这些指标的同时，也要进一步强调政府在城市建设中的作用。我国的相关指标体系普遍涉及领域较多，采用的指标也多达40—50个。这些指标体系大多兼顾到了不同主体在城市发展中的地位和作用，但在使用过程中，也应适当对含义类似的主题进行归并和筛选。

从具体指标来看，国内外研究都提出了许多经典指标与新兴指标。例如，"每万人专利数量""互联网宽带接入户比例"等经典指标指向性明确，且具有很强的可操作性。"电子公交站牌

---

① IBM商业价值研究院：《您的城市有多智慧？——帮助城市衡量进步》，2012年（http：//wenku.it168.com/d_000560879.shtml）。

② 参见中国住房和城乡建设部官方网站（http：//www.mohurd.gov.cn/wjfb/201212/t20121204_212182.html）。

③ 参见上海市浦东新区信息化协会官方网站（http：//www.pdxxh.gov.cn/pdxxh2010/content-101-5195.html）。

④ 参见中国国家标准化管理委员会官方网站（http：//www.sac.gov.cn/sgyhzeh/syxw_2174/201612/t20161226_221968.htm）。

⑤ 参见浙江省标准化研究院官方网站（http：//www.zis.org.cn/Item/1511.aspx）。

建设率""共享单车普及率"等新兴指标能够较好地反映某一领域的建设进程，同时也具有较高的可采集性。但是，仍有不少指标体系中提到的指标，还仅仅停留在概念设计上。其中，有些指标是受限于现有的统计口径，暂时难以在大部分城市获取；有些则是设计不合理，无法不可稳定采集。

此外，需要注意的是，在许多智慧城市指标体系中，也涉及诸如"智慧环境"等绿色城市指标、"智慧人文"等人文城市指标。在本书后续的构建过程中，将对这些内涵所属的主题进行清晰划分。

（三）人文城市指标体系

目前"人文城市指标体系"研究成果极少。人文城市主要作为一个专题领域，包含在可持续发展、生态城市等指标体系中；同时，在智慧城市、宜居城市等其他指标体系中，也会涉及许多与城市人文建设相关的具体指标。有鉴于此，本书将从绿色生态城市、宜居城市、智慧城市等相关研究中，系统吸收并归纳有关人文城市的评价主题与具体指标。

（四）相关指标的系统集成

通过对国内外关于绿色城市、智慧城市、人文城市重要指标体系研究和实践成果的系统集成，将对绿色智慧城市指标体系设计具有借鉴作用的主要内容汇总如下（表3-2）。

表3-2　　国内外重要指标体系中可借鉴的指标和设计原则

指标体系名称	可能借鉴的具体指标	可能借鉴的设计方法
中国绿色发展指标体系	单位GDP能源消耗 二氧化硫排放总量 城市空气质量优良天数比率 绿色出行客运量 城市绿化覆盖率	绿色专题的指标体系设计

续表

指标体系名称	可能借鉴的具体指标	可能借鉴的设计方法
ISO城市可持续发展指标体系国际标准	每万人年申请新专利数 人均绿化面积 城市固体废弃物循环利用百分比 每万人互联网连接人数 每万人获得高等教育学历人数	教育、健康、人文等社会领域主题指标
西门子和经济学人绿色城市指数	单位GDP能源消费量 人均绿色空间面积 废弃物收集及处置率 减少交通拥堵的政策	定性、定量指标相结合
耶鲁大学和哥伦比亚大学环境绩效指标体系	绿化覆盖率 单位GDP碳排放变化量	采用变化量表征环境系统动态特征
中国国家环保部生态文明试点示范市建设指标体系	主要污染物排放强度 生态环保投资比例 公共交通出行的比例	制度、人文主题的内涵
联合国可持续发展委员会指标体系	可再生能源消费所占比例 生态保护面积与总面积的百分比	指标体系的逻辑性和结构性
上海崇明生态岛建设指标体系	人均收入年均增长率 可再生能源装机发电容量 实绩考核环保绩效权重	D-S-R模型的应用
英国未来论坛可持续城市指数	人均废弃物产生量 资源循环率 城市空气质量AQI	指标的可操作性
综合创新型城市建设指标体系	单位GDP综合能耗 公共交通出行的比例 生活垃圾无害化处理率	"三生共赢"理念指导下的构建模式
EU（欧盟）中等规模城市智慧排名评价指标	通勤便利度 高新技术产业所占比重 电子政务普及率	智慧经济、智慧管理、智慧交通等领域的主题指标
IBM智慧城市评估标准和要素	电子政务普及率 互联网宽带接入速度 电子病历使用率	智慧商业、智慧通信、智慧城市服务等领域的主题指标
上海浦东新区智慧城市指标体系2.0	户均网络接入水平 电子政务普及率 电子病历使用率 智能公交站牌建设率 每万人在校大学生数	城市智能建设方面，可操作性的指标选取

第二节 指标体系建构

(一) 指导思想与建构原则

1. 指导思想

贯彻落实党的十九大报告思想,高度重视城市生态文明建设和绿色发展,高度重视科技与创新在驱动国家长远发展中的战略作用,努力实现"以人为本"这一城市未来发展的终极目标。

在此基础上,围绕绿色智慧城市建设的目标要求,汲取国内外实践经验,集成相关领域的研究成果和政府管理需求,从而构建一套集科学性、前瞻性、实用性于一体的绿色智慧城市指标体系。

2. 建构原则

在上述指导思想的指引下,依据系统性、导向性、统筹性、有效性以及可操型性"五大原则"进行具体建构。

(1) 系统性原则,注重吸收归纳,对现有国内外指标进行整合与兼容;

(2) 导向性原则,重视对绿色智慧城市建设进行具体引导、评估、调控;

(3) 统筹性原则,充分考虑城市中政府、不同产业企业、城市居民等主体的需要与诉求;

(4) 有效性原则,兼顾经典指标与新兴指标,能够反映近期技术发展;

(5) 可操作性原则,力求简明,大部分城市的数据可获取、可更新。

(二) 指标体系框架设计

根据国内外相关指标体系实践经验,结合绿色智慧城市建设需求,本书将指标体系框架设置为从宏观到微观、从总体要求到具体指标的三个层次。

第一层次为专题领域，按照绿色智慧城市建设涵盖的专题领域进行分层，拟包含绿色城市、智慧城市、人文城市等专题，以专项指数的形式体现，反映绿色智慧城市建设总体进程，满足政府决策、宏观调控的需求。

第二层次为评价主题，按照专题领域确定不同的评价主题，以评价指数的形式体现，满足政府相关职能部门监督管理、引导方向的需求。

第三层次为具体指标，筛选反映评价主题核心内容的具体指标，以指标数值的形式体现，满足绿色智慧城市建设标准量化、规范建设行为的需要。

（三）框架体系的确定

框架体系的确定主要基于：

（1）平衡稳态构架，便于综合评估；

（2）依据"三生共赢""Smart City"等国内外研究成果，设计二级指标；

（3）抓住核心要素和主要问题，筛选三级具体指标；

（4）不求全，避免指标体系烦琐冗长。

采用"三·三·二"指标结构，即3个专题领域形成顶层框架（一级）；每个领域设计3个评价主题（二级）；每个主题筛选2个具体指标（三级）。

基于上文所述国内外理论依据，根据本书的设计思想与原则，遵循指标体系设计框架，最终构建出绿色智慧城市指标体系（表3-3）。此指标体系包括绿色城市、智慧城市与人文城市三大专题。其中，绿色城市包括绿色生产、绿色生活与绿色生态三个评价主题；智慧城市包括智慧经济、智慧管理与智慧设施三个评价主题；人文城市包括人文保障、人文教育与人文设施三个评价主题。每个评价主题下包含两个具体评价指标，指标体系共计

18 项指标。

表 3－3　　绿色智慧城市评价指标体系

一级指标	二级指标	序号	三级指标
绿色城市	绿色生产	G1	单位 GDP 综合能耗（吨标准煤/万元）
		G2	人均工业二氧化硫排放量（吨/万人）
	绿色生活	G3	公共交通出行比例（%）
		G4	生活垃圾无害化处理率（%）
	绿色生态	G5	建成区绿化覆盖率（%）
		G6	空气质量 AQI 优良的天数占全年比例（%）
智慧城市	智慧经济	S1	高新技术产业占 GDP 比重（%）
		S2	百万人口专利授权数（项）
	智慧管理	S3	行政审批事项网上办理比例（%）
		S4	智能公交站牌数（个）
	智慧设施	S5	互联网宽带接入用户数比例（%）
		S6	共享单车普及率（计分制）
人文城市	人文保障	H1	人均 GDP（元/人）
		H2	城镇职工基本养老保险参保率（%）
	人文教育	H3	每万人在校大学生数（人）
		H4	高校建设水平（"双一流"学科数量）
	人文设施	H5	城市道路通勤率
		H6	百人公共图书馆藏书（册、件）

第三节　指标解释

（一）绿色城市指标

绿色发展是我国发展的战略选择，也是我国城市可持续发展的必然选择。生产、生活、生态是城市发展的三大方面，绿色城市建设水平有赖于在绿色生产、绿色生活、绿色生态上做出突破。因此本书中一级指标绿色城市由绿色生产、绿色生活、绿色生态3个二级指标组成，下有单位GDP综合能耗、人均工业二氧化硫排放量、公共交通出行比例、生活垃圾无害化处理率、建成区绿化覆盖率、空气质量AQI优良的天数占全年比例6个三级指标。

1. G1. 单位GDP综合能耗

单位GDP综合能耗指每产生一单位的GDP产值所需要消耗的能源总量，该指标是国际认可度极高的衡量城市经济发展中资源利用效率的指标。单位GDP综合能耗客观反映了资源投入与经济产出之间的关系，直接反映了地区发展对能源的利用效率，间接反映了地区发展的技术水平、产业结构、经济发展模式、对资源的依赖程度以及绿色发展意识等多方面内容，因此本书用该指标来反映城市绿色生产中资源消耗和利用效率方面的内容。该指标的数据获取自各地市统计局官网、国民经济和社会发展统计公报、各类年鉴及官方相关发言和报道，该指标的计算公式为：单位GDP综合能耗=能源消耗总量/GDP。

2. G2. 人均工业二氧化硫排放量

人均工业二氧化硫排放量是指地区工业生产中，平均每人所产生的二氧化硫排放量。工业二氧化硫排放量是指工业企业在燃料燃烧和生产过程中排入大气的二氧化硫数量。二氧化硫（SO_2）是重要的大气污染物，能够导致"酸雨"的形成，恶化大气环境。考虑到不同地区工业总量上存在较大差异，为提升指标的可代表性，用人均工业二氧化硫排放量指标来平衡地区间的差异。该指标是衡量城市污染物排放的重要指标之一，而污染物排放水平是绿色生产中的重要方面。因此，本书用该指标来反映城市工业生产中的污染物排放水平。该指标数据来自《中国城市统计年鉴》，计算公式为：人均工业二氧化硫排放量=工业二氧化硫排放量/常住人口。

3. G3. 公共交通出行比例

公共交通出行比例是指在出行过程中，居民乘坐公共交通的人数占总出行人数的比重。城市公共交通具有集约高效、节能环保等优点，优先发展公共交通是缓解交通拥堵、转变城市交通发展方式、提升生活品质的有效方式，是构建资源节约型、环境友好型社会的必然选择。因此，公共交通出行是城市绿色生活的重要组成部分，本书用公共交通出行比例来反映城市绿色生活中的绿色出行水平。由于数据限制，公共交通出行比例指标用每万人拥有公共汽车数来替代，指标数据来自《中国城市统计年鉴》。

4. G4. 生活垃圾无害化处理率

生活垃圾无害化处理率是指经过无害化处理的生活垃圾占生活垃圾总量的比重。生活垃圾是居民生活中产生的主要废弃物之一，直接影响到居民的生活质量，生活垃圾无害化处理率能够反映某一地区对居民绿色生活的重视程度。运用先进的工艺、技术能够有效地降低生活垃圾及其衍生物对环境的影响，并能够减少废弃物的排放，实现对生活垃圾的再利用。因此，生活垃圾无害化处理是城市环境保护和健康生活的重要方面，本书用"生活垃圾无害化处理率"来反映城市的绿色生活水平。该指标数据来自《中国城市统计年鉴》。

5. G5. 建成区绿化覆盖率

建成区绿化覆盖率是指建成区内绿地绿化的垂直投影面积占建成区总面积的比重。该指标是认可度极高的衡量城市生态环境的指标，被普遍认为是衡量城市环境质量及居民生活福利水平的重要指标。绿地绿化对城市生态环境起到基础性作用，拥有调节城市小气候、调节空气湿度、净化城市空气、减弱城市噪声等诸多对改善城市生产生活质量有重要帮助的功能，是城市不可或缺的重要组成部分。因此本书采用"建成区绿化覆盖率"这一指标来反映城市绿色生态水平。该指标数据来自《中国城市统计年鉴》。

6. G6. 空气质量 AQI 优良的天数占全年比例

空气质量 AQI 优良的天数占全年比例是指全年地市空气质量

达到我国空气质量 AQI 优良标准的天数占全年天数的比重。空气质量 AQI 指数是当前我国衡量空气质量的重要指标。我国自 2016 年 1 月 1 日开始实施的《环境空气质量指数（AQI）技术规定（试行）》（HJ633 - 2012）中规定，AQI 指数通过计算二氧化硫、二氧化氮、PM10、PM 2.5、一氧化碳、臭氧六种污染物的污染程度得到，是反映城市空气质量的综合指标，AQI 指数数值越大，表明空气综合污染程度越严重。空气质量是生态环境的重要组成部分，因此本书采用"空气质量 AQI 优良的天数占全年比例"指标来反映城市的绿色生态。该指标数据来自环保部的监测站点监测数据。

（二）智慧城市指标

2016 年 3 月，国家发改委发布的《中华人民共和国国民经济和社会发展第十三个五年规划纲要》提出，我国需加强现代信息基础设施建设，推进大数据和物联网发展，建设智慧城市。智慧城市建设已然成为我国的重要国家战略，而智慧城市的经济、管理和设施是基础的三方面。本书中，一级指标智慧城市由智慧经济、智慧管理、智慧设施 3 个二级指标组成，下有高新技术产业占 GDP 比重、百万人口专利授权数、行政审批事项网上办理比例、智能公交站牌数、互联网宽带接入用户数比例、共享单车普及率 6 个三级指标组成。

1. S1. 高新技术产业占 GDP 比重

高新技术产业占 GDP 比重是指地区 GDP 构成中高新技术产业的比重。高新技术产业通常是知识和技术密集型产业，科技人员比重大，研发投入大，同时具有智力性、创新性、环境污染少等优势。而智慧经济发展中，创新性知识成为主导，是集创意、创新、创造、创业为一体的经济形态。因此高新技术产业十分贴合智慧经济发展的要求，本书将指标"高新技术产业占 GDP 比重"作为反映城市智慧经济发展的一方面。该指标数据获取自各地市统计局的官网、国民经济和社会发展统计公报、各类年鉴及官方相关发言和报道。该指标计算公式为：高新技术产业占 GDP 比重 = 高新技术产业主营业务收入/GDP。

2. S2. **百万人口专利授权数**

百万人口专利授权数是指每百万人口拥有的专利授权数。创新是我国经济发展的关键词，而专利授权数是衡量创新的重要指标。专利授权数是体现城市科技进步、衡量城市创新产出的国际通行指标。创新知识是智慧经济发展的重要动力，因此本书将"百万人口专利授权数"作为衡量城市智慧经济的指标。该指标数据来源于各市的统计局及知识产权局，计算公式为：百万人口专利授权数 = 总专利授权数/常住人口。

3. S3. **行政审批事项网上办理比例**

行政审批事项网上办理比例是指网上办理的行政审批事项占总行政审批事项的比重。网上审批是一项便民利民工程，也是提升政府工作效率的工程，利用互联网技术进行网上审批极大地缩短了审批周期和提升了审批的便捷程度。行政审批事项网上办理借助互联网手段来助力智慧城市建设，能够直接反映城市智慧管理的水平。因此本书将"行政审批事项网上办理比例"作为反映城市智慧管理的重要指标。受数据获取限制，该指标数据用国家行政学院电子政务研究中心发布的《2016 中国城市电子政务发展水平调查报告》中各地市的得分来代替。

4. S4. **智能公交站牌数**

智能公交站牌数是指地市中建成的智能公交站牌的总数。交通是连接城市的重要纽带，关乎城市的运行效率，也直接影响着居民的生活体验。智能公交站牌是智能公交的输出系统，智能公交集成了 GPS/北斗定位技术、通信技术、地理信息系统技术等先进技术，对公交车辆进行实时监控和反馈，能够大幅度提升城市公交线路、车辆的运行效率，并且能够将公交信息及时反馈给等候的乘客，帮助乘客了解公交信息并优化其乘车路线，提高乘客的出行效率。智能公交站牌的建设能够反映城市利用新技术进行智慧管理的水平,因此本书以该指标来衡量城市的智慧管理水平。该指标的数据获取自各地市统计局官网、国民经济和社会发展统计公报、各类年鉴及官方相关发言和报道。

5. **S5. 互联网宽带接入用户数比例**

互联网宽带接入用户数比例是指接入互联网宽带的户数占总户数的比重。互联网已成为信息社会发展的重要设施,互联网宽带接入用户数比例则是国际通用的衡量城市信息化基础设施发展水平的指标。信息化建设是智慧城市建设的重要抓手,对于促进城市产业结构升级、增强城市竞争力具有重要意义。与互联网连接是用互联网改变城市的第一步,因此,互联网宽带是智慧城市建设的基础性设施,本书以指标"互联网宽带接入用户数比例"来衡量城市的智慧设施建设水平。该指标数据来自《中国城市统计年鉴》,由于地级市的总户数数据获取较难,因此用常住人口代替。该指标的计算公式为:互联网宽带接入用户数比例 = 互联网宽带接入用户数/常住人口。

6. **S6. 共享单车普及率**

共享单车普及率是指共享单车公司在某城市的投放水平。共享单车是互联网时代的重要产物,是有效解决通勤中"最后一公里"的重要手段。生活中,共享单车不仅在极大程度上解决了城市通勤"最后一公里"的难题,还成为有效提升居民绿色出行率的重要工具,因此,本书将"共享单车普及率"作为衡量城市智慧设施的指标。该指标数据来源于摩拜单车和 ofo 单车官网,根据两大单车公司的共享单车投放数加总而成。

(三) 人文城市指标

2014 年 3 月,中共中央、国务院印发的《国家新型城镇化规划 (2014—2020 年)》明确提出了建设人文城市的目标,提出发掘城市文化资源、强化文化传承创新,把城市建设成为历史底蕴厚重、时代特色鲜明的人文魅力空间。人文保障、教育和设施是人文城市建设的三个基本面，本书中一级指标人文城市由人文保障、人文教育、人文设施3个二级指标组成，下有人均GDP、城镇职工基本养老保险参保率、每万人在校大学生数、高校建设水平（"双一流"学科数量）、城市道路通勤率、百人公共图书馆藏书6个三级指标。

1. H1. 人均GDP

人均GDP是指地市中平均每人所产生的GDP数。GDP一直是地方政府关注的重点之一，而人均GDP则是衡量地区经济发展程度的通用指标。经济发展是社会人文建设的基础保障，为社会人文建设提供了最为基础和重要的经济支持，因此，本书将"人均GDP"作为衡量城市人文保障的指标。该指标数据直接来源于《中国城市统计年鉴》。

2. H2. 城镇职工基本养老保险参保率

城镇职工基本养老保险参保率是指城镇职工实际参保人数占城镇职工总人数的比重。养老保险是国家对公民采取的普惠性社会福利，是一种为解决劳动者在达到国家规定的解除劳动义务的劳动年龄界限或因年老丧失劳动能力而退出劳动岗位后而建立的一种保障其基本生活的社会保险制度。养老保险是城市发展过程中社会福利建设的重要内容，有助于社会的安定、经济的发展，其性质就决定了其是城市人文保障的重要方面。因此，本书采用指标"城镇职工基本养老保险参保率"作为衡量城市人文保障的指标。该指标数据来自《中国城市统计年鉴》。

3. H3. 每万人在校大学生数

每万人在校大学生数是指地区每万人中拥有的在校大学生数。教育是兴国之本，21世纪，城市发展最重要的就是人才，每万人在校大学生数则是反映城市教育、人才的直接指标。每万人在校大学生数能够直接反映城市的教育水平和人才基础，因此本书采用该指标来衡量城市的人文教育。该指标数据来自《中国城市统计年鉴》，计算公式为：每万人在校大学生数 = 普通高等学校在校学生数/常住人口。

4. H4. 高校建设水平（"双一流"学科数量）

"双一流"学科数量是指教育部、财政部、国家发展改革委于2017年9月印发的《关于公布世界一流大学和一流学科建设高校及建设学科名单的通知》中，所公布的"双一流"学科数量。"双一流"学科学校肩负着我国建设世界一流学科的历史重任，也代表着我国当前大学建设的最高水平。"双一流"学科学校比普通大学具有更大的影响力、更强的溢出效应，在经济社会发展中扮演着更加重要的作用，也更能反映城市的高校建设水平。因此，本书用"双一流"学科数量来反映城市人文教育的高等水平。该指标数据来源于《关于公布世界一流大学和一流学科建设高校及建设学科名单的通知》。

5. H5. 城市道路通勤率

城市道路通勤率是指在平均每一单位的道路面积上所有的机动车数量。交通设施是城市的重要基础设施之一，良好的交通设施有利于提升城市的运行效率，更是节约市民通勤时间、提升市民出行幸福感的重要方面。因此，本书将"城市道路通勤率"作为衡量人文设施的重要指标。该指标数据中，道路面积数据来源于《中国城市统计年鉴》，机动车保有量数据来自各地市统计局官网、国民经济和社会发展统计公报、各类年鉴及官方相关发言和报道。该指标计算公式为：城市道路通勤率 = 机动车保有量/城市道路面积。

6. H6. 百人公共图书馆藏书

百人公共图书馆藏书是指地市中每百人拥有的公共图书馆藏书数量。书籍是人类进步的阶梯，是记录人类经验、知识的主要方式之一，更是传播知识的核心方式。公共图书馆着眼于提高城市居民的文化素质，着力于让市民的精神世界更美好，服务于城市社会主义经济建设，给予了大众平等阅读的权利保障。由于书籍和图书馆是人文城市建设不可或缺的重要组成部分，本书用指标"百人公共图书馆藏书"来衡量城市的人文设施建设水平。该指标数据来自《中国城市统计年鉴》。

（执笔：朱贻文、宓泽锋、王丰龙）

第四章 指数结果分析

本章首先简要介绍了本书在计算绿色智慧城市指数时所使用的计算方法，然后根据本书所收集到的资料和数据，对全国285个地级及以上城市的绿色智慧城市发展指数进行了综合计算和分析，并对绿色城市、智慧城市和人文城市分指标分别进行了深入分析，同时从城市群等角度深入剖析全国绿色智慧城市发展存在差异的原因，以期为后续章节奠定分析基础。

第一节 指数分析方法与计算过程

（一）指数的分析方法

本书主要采用以下三种分析方法：相关分析、规模—位序分析、空间计量分析。

1. 相关分析

相关分析是研究变量之间共变和依存关系的主要方法。相关分析的主要内容是计算相关系数，计算公式为：

$$R = \frac{\sum(X_i - \overline{X})(Y_i - \overline{Y})}{\sqrt{\sum(X_i - \overline{X})^2 \sum(Y_i - \overline{Y})^2}}$$

一般认为，如果相关系数 $R > 0.95$，则两个变量显著相关；如果相关系数 $0.95 > R \geqslant 0.8$，则两个变量高度相关；如果相关系数 0.8 > R ≥ 0.5，则两个变量中度相关；如果相关系数 0.5 > R ≥ 0.3，则两个变量低度相关；如果相关系数 R < 0.3，则两个变量关系极弱，可以认为它们之间不存在相关关系。绿色智慧城市发展评价指标体系中的要素层、因子层、指标层和其他考虑因素均根据目标层的需要选择对中国绿色智慧城市建设中绿色城市、智慧城市、人文城市高度相关的参数进行综合分析。

2. 规模—位序分析

大量研究表明，自然界和人类社会很多现象的规模与其在总体中的对应排序存在一定的规律。但哈佛大学的语言学家 George Kingsley Zipf 于 1949 年发现，在自然语言的语料库里，一个单词出现的频率与它在频率表里的排名成反比。这一规律被称为 Zipf 定律。Zipf 定律被广泛用于解释很多其他现象，如城镇体系中城市人口规模的分布、SARS 病例数等。本研究采用双对数方程拟合绿色智慧城市得分与其排名之间的分布规律，方程如下：

$$\ln R_i = \alpha + \beta \ln V_i$$

其中，R_i 和 V_i 分别代表 i 园区的排序和得分。

3. 空间计量分析

空间计量模型所讨论的主要内容是经济社会指标的空间效应（Spacial Effects），即各地区间的经济地理行为之间存在的空间相互作用。具体而言，空间相互作用又可分为空间依赖性（也叫空间自相关性）和空间异质性（也叫空间差异性）。其中，空间自相关性主要采用 Moran 指数（Moran's I）进行检验。其计算公式为：

$$Moran's\ I = \frac{\sum_{i=1}^{n}\sum_{j}^{n} W_{ij}(Y_i - \bar{Y})(Y_j - \bar{Y})}{S^2 \sum_{i=1}^{n}\sum_{j}^{n} W_{ij}}$$

其中，$S^2 = \frac{1}{n}\sum_{i=1}^{n} W_{ij}(Y_i - \bar{Y})$，$\bar{Y} = \frac{1}{n}\sum_{i=1}^{n} Y_i$，$Y_i$ 表示第 i 个城市的绿色智慧发展指数（及分指数）；n 为城市总数（本书中为 285 个）；W_{ij} 为空间权重矩阵，本书主要选取地理距离矩阵，同时也采用经济距离矩阵，进行对照分析。Moran 指数的取值范围介于 -1 至 1 之间：若其数值大于 0，则说明绿色智慧城市发展存在空间正自相关，反之则说明存在空间负自相关；若其数值为 0，则说明绿色智慧城市发展服从随机分布，城市间不存在相关关系。

本书采用局域 Moran 指数分析各城市与相邻城市的空间关系，即通过在二维平面上绘制局域 Moran 指数散点图，将各城市绿色智慧发展指数分为四个象限的集群模式，用以清晰识别一个城市与临近城市的空间关系。具体而言，第一象限为高—高组合，表示绿色智慧城市发展水平高的城市被同是高发展水平的城市包围；第二象限为低—高组合，表示绿色智慧城市发展水平低的城市被高发展水平城市包围；第三象限为低—低组合，表示绿色智慧城市发展水平低的城市被同是低发展水平的城市包围；第四象限为高—低组合，表示绿色智慧城市发展水平高的城市被低发展水平的城市包围。

（二）指标的计算过程

为了增加数据之间的可比性和参数运算的科学性，本书采取加权平均方法对上述指标体系中的各指标进行指标的标准化处理。首先，为了减少个别年份数据波动造成的偏差，本书尽量使用 2014—2016 年三年的平均值来计算绿色智慧城市发展水平，对前两年数据缺失的城市，则采用最近一年的城市数据。需要特别指出的是，为了保证城市之间的可比性，本书涉及的城市不包括我国香港、澳门以及台湾省所有城市。其次，为了保证不同指标之间具有可比性，计算中对每个指标进行了无量纲转换，将最大值的城市得分设为 100、最小值的城市得分设为 1，其他城市得分参照最高与最低的城市得分进行转换。具体转换公式如下：

$$X_{ij}' = 99 \times (X_{ij} - \min_j) / (\max_j - \min_j) + 1$$

其中，X_{ij}' 为 i 地级及以上城市的第 j 个指标无量纲转换后的值，X_{ij} 为 i 地级及以上城市第 j 个指标的原始值，$\min_j$ 和 $\max_j$ 分别为所有城市中第 j 个指标的最低和最高原始得分。

值得注意的是，部分负面指标（如城市空气质量指数）采用的是反向赋分。另外，为了防止部分指标因最大值过大等导致得分结果偏颇，对部分指标进行了取对数处理，并将得分为 0 的指标在取对数后依然赋值为 0。

第二节 绿色智慧城市排行榜

报告对相关数据进行处理与计算，得到 2016 年中国各地级及以上城市绿色智慧城市发展排行榜（见表 4-1）。

表 4-1　中国地级及以上城市绿色智慧城市发展排行榜

排名	城市	指数	排名	城市	指数	排名	城市	指数
1	深圳	100.00	12	威海	70.05	23	嘉兴	63.15
2	北京	90.64	13	宁波	69.69	24	常州	61.79
3	上海	90.60	14	长沙	68.52	25	济南	61.79
4	广州	89.37	15	南昌	67.96	26	佛山	60.51
5	珠海	84.22	16	青岛	67.13	27	丽水	60.47
6	南京	80.84	17	东莞	66.88	28	台州	60.45
7	杭州	80.02	18	成都	65.37	29	湖州	59.96
8	苏州	79.96	19	舟山	64.59	30	温州	59.37
9	厦门	77.86	20	福州	63.98	31	武汉	58.64
10	中山	70.96	21	西安	63.95	32	昆明	57.68
11	无锡	70.34	22	绍兴	63.79	33	海口	57.09

续表

排名	城市	指数	排名	城市	指数	排名	城市	指数
34	合肥	56.84	64	肇庆	43.66	94	衡阳	37.04
35	南通	56.19	65	龙岩	43.64	95	临沂	36.79
36	扬州	55.95	66	黄石	43.45	96	淮安	36.74
37	泉州	55.70	67	九江	43.17	97	上饶	36.59
38	镇江	55.08	68	德阳	43.10	98	洛阳	36.23
39	大连	54.90	69	汕头	43.04	99	南充	36.09
40	郑州	54.16	70	长春	43.01	100	克拉玛依	35.93
41	江门	54.14	71	衢州	42.87	101	郴州	35.86
42	太原	54.06	72	银川	42.48	102	宣城	35.86
43	贵阳	53.96	73	泰安	42.37	103	张家口	35.60
44	沈阳	53.82	74	宁德	41.69	104	连云港	35.32
45	天津	53.18	75	黄山	41.67	105	石家庄	35.32
46	秦皇岛	52.04	76	桂林	41.54	106	资阳	35.31
47	南宁	51.67	77	韶关	41.02	107	柳州	35.27
48	重庆	50.79	78	淄博	40.92	108	盘锦	35.07
49	惠州	49.29	79	雅安	40.85	109	枣庄	35.03
50	漳州	48.52	80	宜昌	40.33	110	鄂尔多斯	34.95
51	金华	48.20	81	马鞍山	39.83	111	遵义	34.78
52	莆田	47.91	82	常德	39.77	112	德州	34.59
53	芜湖	47.79	83	铜陵	39.45	113	大庆	34.46
54	乐山	47.24	84	咸宁	38.97	114	内江	34.26
55	泰州	47.22	85	眉山	38.91	115	哈尔滨	34.06
56	三亚	46.49	86	乌鲁木齐	38.91	116	潮州	33.94
57	潍坊	46.33	87	鹰潭	38.56	117	广元	33.81
58	拉萨	46.23	88	三明	38.37	118	景德镇	33.79
59	绵阳	46.13	89	南平	38.30	119	本溪	33.76
60	烟台	45.32	90	延安	38.22	120	唐山	33.74
61	呼和浩特	45.26	91	鄂州	37.87	121	襄阳	33.53
62	北海	44.88	92	株洲	37.70	122	东营	33.42
63	吉安	44.00	93	赣州	37.07	123	玉林	32.68

续表

排名	城市	指数	排名	城市	指数	排名	城市	指数
124	新乡	32.39	154	保定	28.58	184	宜春	24.75
125	邯郸	32.16	155	丽江	28.39	185	巴彦淖尔	24.55
126	大同	31.83	156	湛江	28.30	186	西宁	24.33
127	兰州	31.74	157	日照	27.99	187	荆州	24.17
128	攀枝花	31.65	158	沧州	27.61	188	吉林	24.09
129	包头	31.48	159	曲靖	27.48	189	鹤壁	24.03
130	宿迁	31.46	160	承德	27.44	190	保山	24.03
131	新余	31.42	161	晋中	27.37	191	清远	23.93
132	梧州	31.19	162	荆门	27.12	192	安康	23.61
133	濮阳	30.99	163	河源	27.09	193	揭阳	23.53
134	岳阳	30.94	164	莱芜	26.99	194	广安	23.50
135	六安	30.91	165	丹东	26.86	195	临沧	23.25
136	宝鸡	30.78	166	鞍山	26.73	196	萍乡	22.95
137	盐城	30.77	167	乌兰察布	26.66	197	随州	22.91
138	佳木斯	30.49	168	牡丹江	26.62	198	长治	22.88
139	黄冈	30.38	169	十堰	26.60	199	安顺	22.83
140	梅州	30.16	170	铜川	26.43	200	巴中	22.73
141	宜宾	30.07	171	益阳	26.24	201	滨州	22.65
142	贺州	29.95	172	开封	26.23	202	钦州	22.56
143	济宁	29.94	173	遂宁	26.12	203	许昌	22.47
144	崇左	29.86	174	自贡	26.00	204	辽源	22.30
145	三门峡	29.83	175	赤峰	25.94	205	伊春	22.26
146	阳江	29.80	176	汕尾	25.82	206	蚌埠	22.19
147	湘潭	29.77	177	云浮	25.47	207	商洛	22.14
148	榆林	29.71	178	南阳	25.47	208	呼伦贝尔	22.09
149	抚州	29.56	179	汉中	25.33	209	池州	22.07
150	抚顺	29.31	180	黑河	25.19	210	淮北	21.97
151	茂名	29.27	181	淮南	25.05	211	怀化	21.91
152	徐州	29.11	182	防城港	25.00	212	永州	21.88
153	咸阳	28.63	183	锦州	24.84	213	廊坊	21.61

续表

排名	城市	指数	排名	城市	指数	排名	城市	指数
214	阜新	21.58	238	周口	18.66	262	张掖	14.09
215	辽阳	21.49	239	张家界	18.57	263	朝阳	13.78
216	孝感	21.48	240	七台河	18.37	264	阳泉	13.60
217	铁岭	21.45	241	百色	18.35	265	安阳	13.58
218	双鸭山	21.38	242	鸡西	18.26	266	思茅	13.42
219	营口	21.32	243	六盘水	18.19	267	贵港	13.29
220	玉溪	21.05	244	乌海	18.06	268	四平	13.02
221	滁州	21.01	245	通化	18.01	269	商丘	13.01
222	河池	20.91	246	聊城	17.84	270	忻州	12.79
223	安庆	20.90	247	葫芦岛	17.69	271	天水	12.75
224	娄底	20.89	248	来宾	17.64	272	平凉	12.63
225	朔州	20.83	249	邵阳	17.37	273	庆阳	11.89
226	阜阳	20.68	250	漯河	17.37	274	运城	11.49
227	松原	20.49	251	邢台	17.20	275	吴忠	11.32
228	齐齐哈尔	20.39	252	鹤岗	17.15	276	嘉峪关	10.29
229	亳州	20.25	253	菏泽	16.59	277	白银	9.88
230	信阳	19.83	254	酒泉	16.48	278	昭通	8.82
231	武威	19.60	255	吕梁	16.47	279	定西	8.74
232	达州	19.57	256	焦作	16.42	280	金昌	8.10
233	白城	19.49	257	平顶山	16.05	281	石嘴山	6.74
234	宿州	19.34	258	绥化	16.02	282	中卫	6.47
235	渭南	19.23	259	固原	15.61	283	白山	5.77
236	泸州	19.02	260	晋城	15.33	284	陇南	2.59
237	驻马店	18.87	261	通辽	15.21	285	衡水	1.00

排行结果显示，在全国 285 个城市中，排名前十位的城市依次为深圳、北京、上海、广州、珠海、南京、杭州、苏州、厦门、中山，这十个城市主要分布在东部沿海地区，人口规模较大且经济发展水平较高。排名后十位的城市分别是嘉峪关、白银、

昭通、定西、金昌、石嘴山、中卫、白山、陇南、衡水，这十个城市主要集中在西部地区，人口规模较小，经济发展水平相对落后。从全国总体格局来看，沿海沿江城市和省会城市绿色智慧城市水平相对较高，且整体呈现东高西低的梯度差异。

深、北、上、广作为全国的四个特大城市包揽了绿色智慧城市建设的前四名。绿色智慧城市建设得分排名前十的城市均为特大城市或大城市，其生态化、智能化、人文化均在全国有不俗的表现。前十名城市在分布上只有北京位于北方，其余城市均属于南方城市，且多分布在长三角与珠三角地区。凭借优越的地理位置，国家政策的扶持以及良好的制造业产业基础等条件，深圳近些年发展十分迅速，总得分远远高于北京、上海、广州等城市，且在绿色城市、智慧城市与人文城市的建设上与其他城市相比更加均衡，是我国绿色智慧城市建设的典范。尤其在智慧城市建设方面，深圳取得了令人瞩目的成就，是我国智慧城市建设的领跑者。相较深圳，杭州互联网产业的发展较为突出，信息的互通互联，极大地提高了城市的运行效率与资源的利用率。由于人才、资金、技术等方面资源的集聚，前十名城市在社会人文环境与经济方面具有较高的水平。沿海的珠海市与厦门市凭借良好的城市绿色生态环境位于总排名的前列，在发展经济的同时保持了良好的宜居环境，而其他城市除深圳外，绿色生态城市建设与智慧城市、人文城市的建设水平不均衡，主要依靠高水平的智慧城市与人文城市指标使得总体得分排名靠前，这些城市在社会经济发展的过程中忽视了生态环境的保护与建设，生态环境质量制约了绿色智慧城市的总体发展水平。

全国地级及以上城市的绿色智慧城市排名与其位序近似 Zipf 的规模位序分布规律，其得分的对数与排序的拟合优度达到了 86%（见图 4-1）。整体来说，拟合程度较好，排名前十位与后十位的城市相对其他城市来说与拟合的整体规模有一定的偏离，而排名后十位城市与前十位城市相比，拟合的总体情况有更大的偏离。

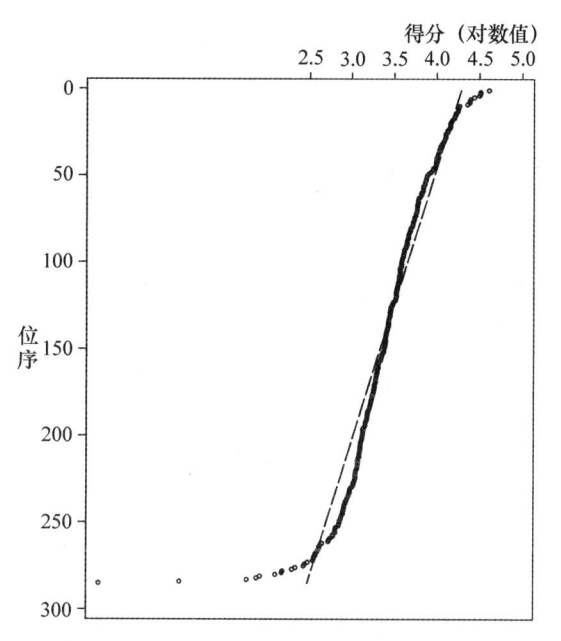

图4-1 中国地级及以上城市绿色智慧城市的规模—位序分布

为更好地反映全国绿色智慧城市的区域性建设情况,本书基于四大板块对绿色智慧城市的发展情况进行分析。四大板块分别指西部地区、东北地区、东部地区和中部地区。其中东部地区包括北京市、天津市、河北省、上海市、江苏省、浙江省、福建省、山东省、广东省和海南省;中部地区包括山西省、安徽省、江西省、河南省、湖北省和湖南省;西部地区包括内蒙古自治区、广西壮族自治区、重庆市、四川省、贵州省、云南省、西藏自治区、陕西省、甘肃省、青海省、宁夏回族自治区和新疆维吾尔自治区;东北地区包括辽宁省、吉林省和黑龙江省。

从图4-2可以看出,全国四大区域绿色智慧城市建设的平均得分按照从高到低的顺序依次是东部地区、中部地区、西部地区和东北地区。同全国的平均水平相比,这四大区域中只有东部地区的绿色智慧城市建设水平得分高于全国平均水平,同时在绿色城市、智慧城市和人文城市三个专题领域也都高于全国平均水平,而中部、西部和东北地区均显著低于全国平均水平,仍

图 4-2 中国四大板块绿色智慧城市建设得分

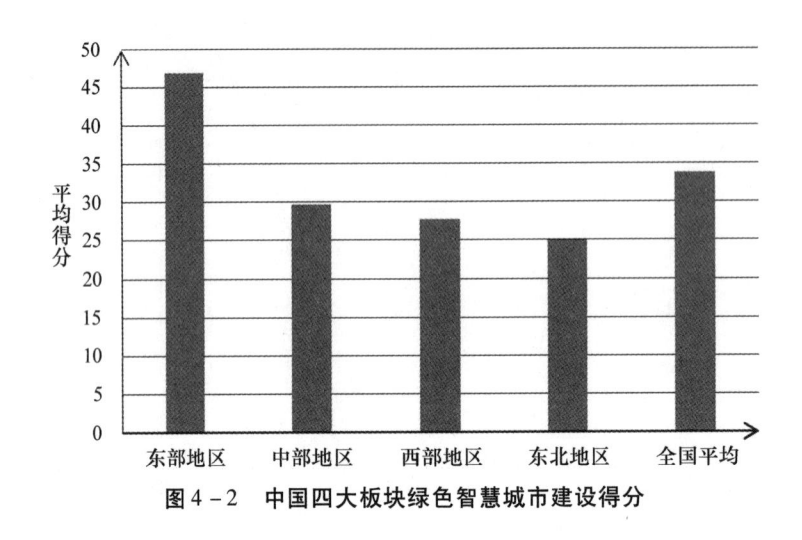

有较大的提升空间。东北地区的平均得分在这四大区域中最低，主要原因在于其在智慧城市建设方面得分同其他区域相比有较大差距，智慧经济、智慧城市管理、智慧设施建设等方面十分欠缺，在产业结构上缺少创新型产业，没有形成利于创新的社会环境。

全国36个重点城市（包括4个直辖市、22个省会城市、5个自治区首府和5个计划单列市）的绿色智慧城市建设情况有较大的差异，具体得分情况见图4-3。在36个重点城市中，排名前九位的城市均位于东部地区，其余城市绝大部分分布在东北地区和西部地区。这36个城市整体上主要排在全国绿色智慧城市的前50位，在全国范围内起到了较好的示范作用。排名较靠后的城市没有很好地表现出城市应有的资源集约利用效率以及人口集聚效应。

不仅36个重点城市，全国285个地级及以上城市的绿色智慧城市建设情况也具有比较显著的差异。我们使用自然断裂点的分析方法，按照绿色智慧城市建设的现实数据，发现其自然断裂点分别为70、49、33和21。基于此，本书将全国285个绿色智慧城市建设情况划分为五个等级。

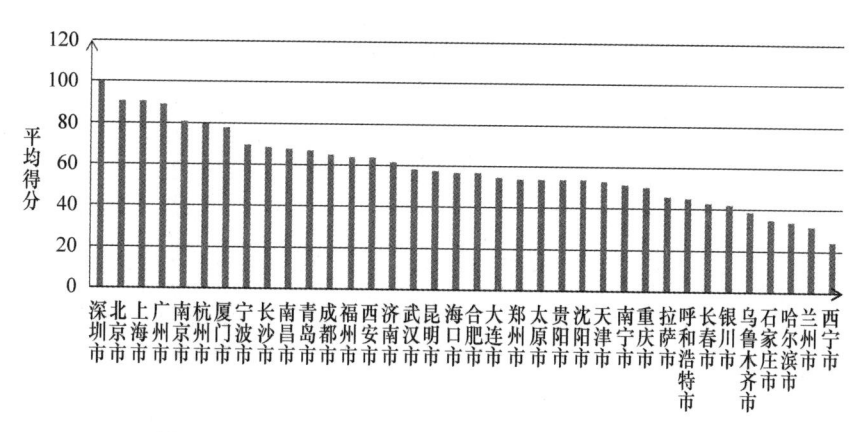

图4-3 中国36个重点城市绿色智慧城市建设得分

（1）第一类城市：国家典型示范城市（得分70—100分）。

第一类城市包括深圳、北京、上海、广州、珠海、南京、杭州、苏州、厦门、中山、无锡、威海共12个城市。这些城市全部位于东部地区，其中7个位列全国36个重点城市之中。绿色智慧城市总排名第一的深圳市，总得分遥遥领先于排在第二位和第三位的北京、上海两个城市。深圳市在绿色城市、智慧城市和人文城市建设三个专题领域得分均较高，单方面得分分别是全国第二位、第三位和第二位。而北京、上海虽然在绿色智慧城市总得分中排名全国第二位和第三位，智慧城市与人文城市建设得分分别位列全国第一位，但在绿色城市方面得分排名靠后，分别是全国第91位和第70位，城市的环境质量与城市智慧建设、人文建设水平极不平衡。由此，未来北京、上海在城市的绿色环境建设方面仍需要进一步加强，提高资源能源的利用效率，发展集约高效、节能环保产业，改善城市的环境质量。南京、杭州、无锡这三个城市与北京、上海存在同样的问题，在绿色城市建设方面均排名较靠后。这12个城市在智慧城市与人文城市的建设方面均处于全国领先地位。

总体上来说，第一类城市在绿色城市、智慧城市与人文城市的建设方面引领着全国绿色智慧城市的发展方向，其发展对于全国具有重要的影响，应充分发挥这些城市的示范作用，总结绿色智慧城市发展经验，为其他城市的发展提供借鉴。

（2）第二类城市：区域性示范城市（得分49—70分）。

第二类城市包括宁波、长沙、南昌、青岛、东莞、成都等在内的排名第13—49位的37个城市。从区域分布上来看，这37个城市仍主要分布在东部地区，只有6个位于中部地区、6个位于西部地区、2个位于东北地区，同时有20个城市属于全国36个重点城市。

虽然在绿色智慧城市建设综合得分上相对逊色于第一类城市，但第二类城市在个别分专题领域表现突出，如丽水总得分处于全国第22位，其绿色城市建设水平排名全国第一位，为城市居民提供了良好的宜居环境，是其他城市在生态环境保护方面重要的示范城市，但其智慧城市和人文城市的建设相对于绿色城市建设有明显差距，这两方面的得分分别居于全国第105位和第87位。福州、海口、秦皇岛、台州等城市在绿色人居环境方面均有突出的表现。而济南、郑州、天津等城市作为省会城市或直辖市，在绿色城市建设方面表现十分落后，处于全国排名靠后的位置，济南、郑州的绿色城市建设在全国285个城市中的排名分别为第233位和第238位，应引起全社会的重视。在智慧城市与人文城市建设方面，第二类城市的总排名与分专题排名的位序相对较平衡。

（3）第三类城市：一般性城市（得分33—49分）。

第三类城市包括排名第50—122位的73个城市，其中27个分布在东部地区、21个位于中部地区、20个位于西部地区、5个位于东北地区，在区域分布上来说相对比较均衡。在全国36个重点城市中，拉萨、呼和浩特、长春、银川、乌鲁木齐这五个城市属于第三类城市，分布在东北地区和西部地区，受到自然条件的制约，其绿色智慧城市的建设水平与其他重点城市相比有一定的差距。第三类城市在全国绿色智慧城市建设中处于中等水平，反映了全国大部分城市建设的现状。从总体上来看，这些城市在绿色城市、智慧城市与人文城市三个专题领域存在发展不平衡的问题，普遍在某一个或某两个领域表现较好，而在其余领域表现较差，严重制约了区域各子系统之间的协调发展。未来第三类城市应向某一领域的示范城市学习先进的发展经验，总结城市发展中的教训，促进城市在绿色智慧城市建设各方面的均衡发展。

（4）第四类城市：欠发展城市（得分21—33分）。

第四类城市包括排名第123—221位的99个城市。在全部五类城市中第四类城市的总数量最多，但这些城市的绿色智慧城市建设水平总体上不高，未来在绿色城市、智慧城市和人文城市三个领域均有较大的提升空间。在第四类城市中，只有兰州市、西宁市这两个西部地区城市是全国重点城市。在区域分布上，这99个城市有21个东部地区城市、28个中部地区城市、31个西部地区城市、15个东北地区城市。在第四类城市中，中西部地区的城市占据了半壁江山。

（5）第五类城市：特别欠发展城市（得分1—21分）。

第五类城市包括排名第222—285位的64个城市。东部地区只有4个城市属于第五类城市，其余为27个西部地区城市、21个中部地区城市、12个东北地区城市。在285个城市中，排名后十位的城市中有8个属于西部地区。这63个城市的绿色智慧城市建设水平不论是在整体上还是在绿色城市、智慧城市、人文城市建设等专题领域同前四类城市相比均差距显著，经济基础薄弱，未充分发挥相应的城市人口集聚效应，生态保护能力弱，科技创新能力不足，智慧经济发展水平低，这类城市未来亟须在保护环境的前提下提升经济的支撑能力，充分利用智能科技提升资源的利用效率。

第三节　绿色智慧城市分指数排行榜

下面对绿色城市、智慧城市、人文城市三个分指数进行排名，进一步对绿色智慧城市进行剖析，以便于我们更加深入地探究不同城市的优势和劣势。同时，报告总结分析东部地区、中部地区、西部地区和东北地区四大区域的整体趋势和差异，并着重对全国36个重点城市进行详细的解析。

（一）绿色城市排行榜

总体来看，东部沿海地区城市的绿色城市指数排名整体靠前，在前三十位排名中，除了中部的黄山市、上饶市、景德镇市、抚州市和西部的南宁市、昆明市外，剩下的24个城市均为东部沿海城市；排名较为靠后的区域多来源于西部地区和中部地区；同时，绿色城市指数表现出城市间较为明显的南北差异。在排名靠前的城市中，南方城市较多，而在排名靠后的城市中，北方的城市占多数，甚至北方的东部城市石家庄、保定、衡水、廊坊、莱芜排在倒数20名的位列里。从整体的趋势不难看出，经济的发展差异和城市的产业布局与绿色城市的建设息息相关。

进一步看排名前十位和后十位的城市。在排名前十的城市中，除去中部的黄山、上饶、景德镇三市，剩下的均为东部沿海省份的城市，且多临近海洋。这些城市拥有得天独厚的气候条件，同时经济发展水平走在全国的前列，布局的多为污染少、技术含量高、对生态破坏小的产业，其绿色城市指数必然较高，有"中国生态第一市"之称的丽水位列榜首更是实至名归。中部的三个城市能进到前十位的排名与其城市的产业结构密切相关。三个城市产业结构调整较为彻底，都大力布局战略性新兴产业，同时，都注重生态环境建设和第三产业发展。

表4-2　　中国地级及以上城市绿色城市排行榜

排名	城市	指数	排名	城市	指数	排名	城市	指数
1	丽水	100.00	31	舟山	65.88	61	广元	60.27
2	深圳	81.53	32	玉林	65.50	62	梧州	60.21
3	珠海	78.67	33	丽江	65.44	63	新余	60.03
4	黄山	72.21	34	吉安	65.20	64	南通	59.83
5	海口	71.01	35	北海	64.85	65	金华	59.75
6	厦门	70.92	36	鹰潭	64.59	66	巴中	59.59
7	秦皇岛	70.84	37	河源	64.25	67	烟台	59.50
8	上饶	70.18	38	佛山	64.08	68	韶关	59.46
9	福州	70.01	39	乌兰察布	63.89	69	绍兴	59.42
10	景德镇	69.66	40	青岛	63.73	70	合肥	59.18
11	莆田	69.6	41	黑河	63.43	71	九江	58.89
12	抚州	69.54	42	南昌	63.28	72	肇庆	58.85
13	台州	69.07	43	宣城	63.09	73	岳阳	58.79
14	漳州	68.52	44	梅州	63.06	74	上海	58.63
15	威海	68.01	45	宁波	62.93	75	益阳	58.45
16	泉州	67.84	46	郴州	62.84	76	思茅	58.45
17	江门	67.37	47	佳木斯	62.58	77	扬州	58.38
18	龙岩	67.25	48	湖州	62.56	78	安康	58.37
19	三亚	67.2	49	贺州	62.51	79	钦州	58.31
20	南平	67.12	50	双鸭山	62.49	80	河池	58.29
21	惠州	67.11	51	汕头	62.05	81	永州	58.15
22	汕尾	67.03	52	潮州	61.54	82	苏州	58.15
23	三明	66.8	53	贵阳	61.48	83	大庆	58.11
24	温州	66.74	54	嘉兴	61.39	84	曲靖	57.80
25	中山	66.64	55	杭州	61.38	85	松原	57.74
26	宁德	66.49	56	湛江	61.31	86	眉山	57.71
27	南宁	66.09	57	茂名	61.27	87	鸡西	57.25
28	阳江	66.01	58	大连	61.08	88	无锡	57.20
29	昆明	65.96	59	临沧	61.02	89	重庆	57.04
30	广州	65.92	60	拉萨	60.68	90	桂林	57.02

续表

排名	城市	指数	排名	城市	指数	排名	城市	指数
91	南京	56.98	121	抚顺	55.03	151	崇左	51.77
92	株洲	56.92	122	雅安	54.88	152	滁州	51.47
93	北京	56.85	123	安庆	54.66	153	云浮	51.45
94	镇江	56.81	124	柳州	54.34	154	攀枝花	51.42
95	牡丹江	56.80	125	咸宁	54.20	155	武汉	51.38
96	常州	56.78	126	湘潭	54.16	156	阜新	51.28
97	宜春	56.75	127	铜陵	54.02	157	淮南	51.26
98	衢州	56.74	128	十堰	53.99	158	马鞍山	50.86
99	铁岭	56.74	129	遂宁	53.97	159	衡阳	50.82
100	常德	56.68	130	泰州	53.74	160	周口	50.76
101	玉溪	56.63	131	沈阳	53.57	161	百色	50.69
102	六安	56.51	132	宝鸡	53.29	162	哈尔滨	50.43
103	广安	56.47	133	连云港	53.13	163	张家界	50.25
104	东莞	56.45	134	资阳	53.12	164	呼和浩特	49.91
105	盐城	56.29	135	绵阳	53.05	165	赣州	49.82
106	防城港	56.21	136	池州	52.87	166	汉中	49.81
107	张家口	56.2	137	德阳	52.85	167	鞍山	49.66
108	绥化	56.19	138	亳州	52.79	168	淮安	49.23
109	芜湖	56.12	139	承德	52.73	169	固原	49.09
110	怀化	56.05	140	遵义	52.53	170	辽阳	49.02
111	七台河	56.00	141	邵阳	52.39	171	萍乡	49.00
112	娄底	55.93	142	成都	52.39	172	锦州	48.68
113	延安	55.64	143	淮北	52.38	173	泰安	48.47
114	长春	55.59	144	来宾	52.28	174	蚌埠	48.45
115	盘锦	55.56	145	伊春	52.26	175	齐齐哈尔	48.26
116	辽源	55.48	146	西安	52.18	176	榆林	47.93
117	保山	55.47	147	商洛	52.11	177	临沂	47.92
118	鹤岗	55.45	148	南充	52.03	178	本溪	47.82
119	随州	55.45	149	丹东	51.93	179	孝感	47.78
120	长沙	55.17	150	宿迁	51.90	180	宜宾	47.74

续表

排名	城市	指数	排名	城市	指数	排名	城市	指数
181	济宁	47.71	211	营口	43.97	241	吴忠	39.07
182	鄂尔多斯	47.49	212	呼伦贝尔	43.70	242	新乡	38.87
183	荆门	47.38	213	铜川	43.61	243	晋城	38.64
184	酒泉	47.36	214	武威	43.51	244	洛阳	38.51
185	许昌	47.28	215	滨州	43.28	245	六盘水	37.67
186	驻马店	46.86	216	漯河	43.23	246	朔州	37.62
187	东营	46.86	217	宜昌	43.11	247	白银	37.41
188	达州	46.78	218	定西	42.92	248	乐山	37.36
189	邯郸	46.74	219	徐州	42.78	249	聊城	37.34
190	黄石	46.55	220	大同	42.40	250	唐山	37.26
191	信阳	46.37	221	襄阳	42.21	251	南阳	36.82
192	庆阳	46.31	222	天水	42.17	252	西宁	36.71
193	揭阳	46.27	223	鄂州	42.15	253	开封	36.40
194	潍坊	46.24	224	泸州	42.15	254	运城	36.02
195	宿州	46.08	225	自贡	41.95	255	鹤壁	36.01
196	太原	46.07	226	三门峡	41.76	256	焦作	35.96
197	贵港	46.06	227	张掖	41.67	257	德州	35.91
198	克拉玛依	46.00	228	清远	41.34	258	吕梁	35.88
199	巴彦淖尔	45.16	229	黄冈	41.32	259	赤峰	35.51
200	通化	45.1	230	濮阳	41.32	260	咸阳	35.44
201	天津	45.00	231	白城	41.32	261	四平	35.23
202	朝阳	44.92	232	济南	40.52	262	淄博	35.20
203	安顺	44.80	233	枣庄	40.48	263	晋中	34.89
204	平凉	44.75	234	通辽	40.47	264	邢台	34.85
205	银川	44.61	235	包头	40.43	265	葫芦岛	34.42
206	吉林	44.57	236	菏泽	40.21	266	石家庄	33.44
207	内江	44.44	237	阜阳	39.95	267	长治	32.89
208	日照	44.42	238	平顶山	39.68	268	乌鲁木齐	32.83
209	昭通	44.19	239	商丘	39.62	269	保定	32.74
210	沧州	44.10	240	郑州	39.53	270	中卫	32.33

续表

排名	城市	指数	排名	城市	指数	排名	城市	指数
271	荆州	32.04	276	阳泉	25.90	281	白山	16.31
272	衡水	31.35	277	莱芜	25.39	282	兰州	15.52
273	安阳	30.55	278	忻州	23.41	283	乌海	13.6
274	廊坊	29.39	279	渭南	22.66	284	石嘴山	12.31
275	陇南	29.01	280	金昌	20.52	285	嘉峪关	1.00

对全国四个区域绿色城市指数的总体情况进行分析。全国的总体均值为51.03，只有东部地区平均得分在均值之上，为56.55，东北地区处于均值水平，中部和西部地区得分较低，尤其是西部地区。报告显示，东部和东北地区的绿色城市建设在全国排名较为靠前，西部和中部地区较为落后。然而全国整体的均值只有51.03，表明我国的绿色城市水平还有待提升，绿色城市建设任务依然艰巨。

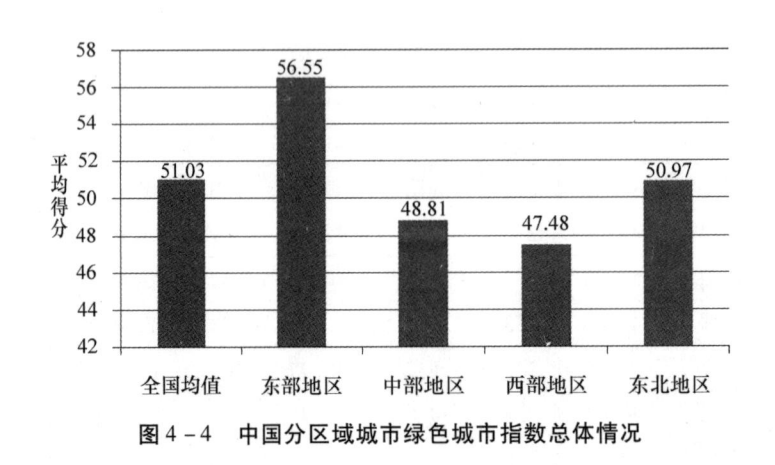

图4-4 中国分区域城市绿色城市指数总体情况

我们对全国36个重点城市单列出来进行分析（见图4-5）。通过对重点城市的城市绿色指数进行降序排列发现，整体呈现首尾部分变化明显、中间部分较为平缓的趋势。第一名的深圳市较第二名高出10.5分，而最后一位的兰州市比其前一名低17.3

分，仅为15.5分。这表明我国重点城市间的绿色指数差异明显。在区域的分布上，与上述全国城市的城市绿色指数表现出同样的特征，南北差异和东中西差异明显。

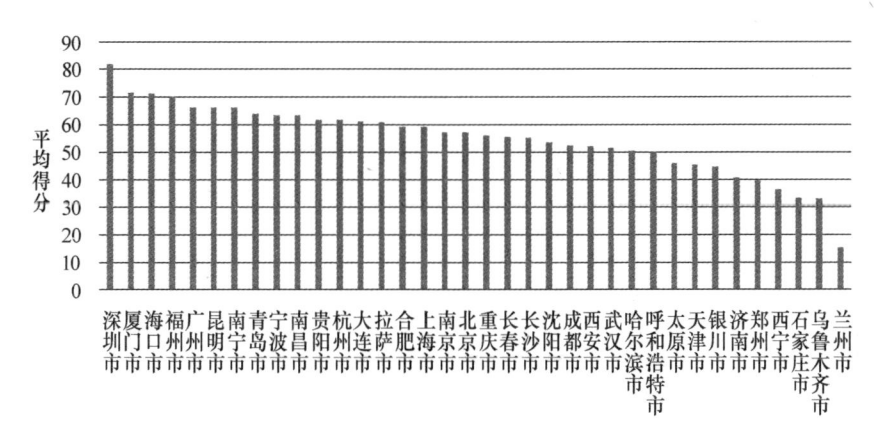

图4-5 中国36个重点城市的绿色城市指数

（二）智慧城市排行榜

我国智慧城市建设虽提出时间较短、建设并未完全成型，但自2012年国家首批智慧城市建设试点以来，智慧城市建设就融入了城市的建设和人民的生活之中。从智慧城市指标计算结果来看，排行较前的城市除北、上、广、深外，多是长三角城市群的城市和各个省的省会城市；排名相对靠后的城市多是中西部城市，在该指标中，与绿色城市指标相比，东北地区的城市排名相对靠后，有约25%的东北城市排名在倒数三十名之列。不难看出，智慧城市建设不仅依托于国家的试点建设，更需要城市综合能力的强有力支撑。智慧城市的提出主要为解决城市规模不断扩大、城市迅速发展所暴露出的各种问题，其依托于先进的信息技术和城市的综合实力，北、上、广、深等大城市的智慧城市建设走在前列可想而知。

在排名靠前的前十位城市中，包含五个长三角城市群的城市。这表明，长三角智慧城市建设整体实力强，走在了全国的前列。前十位城市的指标值相差并不明显。上海排名第一，这主要归因于自2011年以来，上海就全力推进面向未来的智慧城市建设，不断制订可实施的方案和行动纲领，领跑全国。在倒数后十名中，西部地区城市和东北地区城市各占一半。西部地区由于地理区位的相对劣势，在理念更新和改革开放中表现得较为滞后，东北地区近些年面临产业转型困难、发展滞缓等诸多问题，其城市建设也较为缓慢，所以智慧城市指标排名靠后。

表4-3　　　　　　　　中国地级及以上城市智慧城市排行榜

排名	城市	指数	排名	城市	指数	排名	城市	指数
1	上海	100.00	17	西安	75.56	33	潍坊	63.60
2	苏州	98.31	18	青岛	74.04	34	太原	63.54
3	深圳	97.44	19	宁波	72.79	35	舟山	62.92
4	广州	96.01	20	南昌	72.56	36	佛山	62.89
5	北京	87.01	21	济南	72.47	37	合肥	62.16
6	无锡	86.53	22	郑州	71.38	38	泉州	61.81
7	南京	85.96	23	扬州	70.86	39	东莞	61.24
8	成都	83.89	24	武汉	69.57	40	镇江	60.67
9	杭州	82.85	25	福州	69.37	41	重庆	60.45
10	长沙	80.10	26	绍兴	69.00	42	绵阳	58.33
11	乐山	79.46	27	南通	68.61	43	江门	58.19
12	中山	79.2	28	嘉兴	66.04	44	昆明	57.44
13	厦门	78.33	29	天津	64.47	45	洛阳	57.3
14	威海	78.21	30	湖州	64.29	46	宜昌	56.28
15	珠海	77.25	31	台州	63.99	47	黄石	56.15
16	常州	75.91	32	温州	63.69	48	德州	55.63

续表

排名	城市	指数	排名	城市	指数	排名	城市	指数
49	芜湖	55.49	79	衡阳	47.06	109	马鞍山	39.87
50	淄博	53.80	80	雅安	46.62	110	南阳	39.48
51	南宁	53.78	81	唐山	46.45	111	新乡	39.15
52	沈阳	52.94	82	北海	46.37	112	开封	38.91
53	海口	52.46	83	德阳	46.31	113	临沂	38.68
54	枣庄	52.33	84	龙岩	45.91	114	榆林	38.29
55	石家庄	52.23	85	惠州	45.85	115	长春	38.13
56	大连	52.00	86	金华	45.72	116	徐州	37.71
57	鄂州	51.84	87	内江	45.23	117	莱芜	37.02
58	肇庆	51.48	88	秦皇岛	45.12	118	延安	36.90
59	贵阳	51.15	89	晋中	44.88	119	荆州	36.75
60	莆田	51.10	90	南充	44.88	120	郴州	36.40
61	漳州	51.04	91	眉山	44.86	121	鹤壁	36.35
62	乌鲁木齐	50.66	92	淮安	44.37	122	鹰潭	36.23
63	泰安	50.36	93	三门峡	44.03	123	宿迁	36.02
64	银川	50.35	94	大同	43.93	124	乌海	35.85
65	咸宁	49.29	95	邯郸	43.83	125	三亚	35.05
66	九江	49.24	96	宁德	43.33	126	株洲	34.75
67	汕头	49.16	97	赤峰	42.70	127	长治	34.72
68	赣州	49.09	98	遵义	42.57	128	六安	34.71
69	拉萨	49.08	99	呼和浩特	42.55	129	烟台	34.59
70	濮阳	48.71	100	张家口	42.27	130	鄂尔多斯	34.20
71	吉安	48.51	101	资阳	42.23	131	潮州	33.79
72	保定	48.35	102	桂林	41.85	132	柳州	33.42
73	常德	48.14	103	衢州	41.46	133	济宁	32.89
74	黄冈	47.93	104	渭南	41.33	134	宣城	32.82
75	兰州	47.45	105	丽水	41.03	135	宜宾	32.40
76	襄阳	47.43	106	连云港	40.02	136	黄山	32.26
77	泰州	47.37	107	沧州	40.00	137	日照	32.24
78	韶关	47.33	108	咸阳	39.88	138	广元	32.07

续表

排名	城市	指数	排名	城市	指数	排名	城市	指数
139	崇左	31.97	169	嘉峪关	24.91	199	驻马店	18.17
140	南平	31.28	170	白城	24.59	200	保山	18.06
141	三明	29.82	171	六盘水	24.59	201	齐齐哈尔	17.99
142	本溪	29.75	172	贺州	24.26	202	佳木斯	17.84
143	自贡	29.70	173	攀枝花	23.92	203	阳江	17.76
144	铜陵	29.48	174	梅州	23.14	204	遂宁	17.37
145	廊坊	29.37	175	大庆	23.14	205	牡丹江	17.26
146	东营	29.11	176	十堰	22.86	206	丹东	16.91
147	阜阳	28.95	177	葫芦岛	22.75	207	丽江	16.78
148	铜川	28.63	178	武威	22.72	208	随州	16.70
149	汉中	28.60	179	克拉玛依	22.47	209	萍乡	16.62
150	西宁	28.47	180	岳阳	22.17	210	怀化	16.61
151	安顺	28.41	181	许昌	21.95	211	安阳	16.61
152	宝鸡	28.24	182	益阳	21.06	212	衡水	16.48
153	清远	28.17	183	荆门	21.04	213	张家界	16.37
154	上饶	28.02	184	吉林	20.91	214	娄底	16.34
155	揭阳	27.74	185	滨州	20.71	215	金昌	16.32
156	巴彦淖尔	27.64	186	曲靖	20.69	216	乌兰察布	16.24
157	承德	27.32	187	菏泽	20.50	217	宜春	16.20
158	梧州	26.90	188	茂名	19.63	218	周口	16.15
159	云浮	26.83	189	阳泉	19.39	219	新余	16.05
160	邢台	26.27	190	湛江	19.36	220	河源	15.92
161	朔州	26.19	191	宿州	19.33	221	亳州	15.63
162	盘锦	26.14	192	石嘴山	19.30	222	通化	15.18
163	包头	25.95	193	信阳	19.01	223	淮南	15.09
164	哈尔滨	25.71	194	孝感	18.70	224	临沧	15.07
165	盐城	25.69	195	聊城	18.69	225	池州	14.95
166	忻州	25.54	196	湘潭	18.64	226	伊春	14.84
167	玉林	25.45	197	鞍山	18.56	227	呼伦贝尔	14.77
168	吕梁	25.10	198	庆阳	18.39	228	四平	14.67

续表

排名	城市	指数	排名	城市	指数	排名	城市	指数
229	锦州	14.60	248	铁岭	12.33	267	吴忠	9.38
230	蚌埠	14.51	249	永州	12.21	268	辽阳	7.97
231	安康	14.49	250	河池	11.74	269	固原	7.96
232	焦作	14.35	251	汕尾	11.56	270	朝阳	7.93
233	广安	14.15	252	黑河	11.47	271	松原	7.92
234	达州	14.06	253	安庆	11.47	272	定西	6.90
235	漯河	13.92	254	运城	11.10	273	玉溪	6.88
236	景德镇	13.91	255	商丘	11.06	274	白银	6.70
237	商洛	13.81	256	辽源	10.97	275	来宾	6.66
238	泸州	13.78	257	百色	10.87	276	酒泉	6.54
239	平顶山	13.63	258	淮北	10.78	277	鹤岗	6.10
240	滁州	13.60	259	抚顺	10.71	278	绥化	5.96
241	晋城	13.31	260	陇南	10.19	279	贵港	5.93
242	营口	13.2	261	邵阳	10.15	280	鸡西	5.57
243	白山	13.12	262	张掖	9.99	281	双鸭山	5.53
244	抚州	12.81	263	平凉	9.94	282	中卫	4.82
245	防城港	12.54	264	钦州	9.72	283	昭通	3.55
246	通辽	12.40	265	天水	9.70	284	七台河	2.96
247	巴中	12.38	266	阜新	9.52	285	思茅	1.00

对全国四个区域智慧城市指数的总体情况进行分析。全国的总体均值为34.64，只有东部地区平均得分在均值之上，为50.41，中部地区处于均值水平，东北地区和西部地区得分较低，尤其是东北地区。报告显示，东部地区的智慧城市建设领跑全国，中部地区相对居中，而西部地区和东北地区较为落后。然而中国整体的均值只有34.64，相较于绿色城市指数的均值51.03更低。当然，我国智慧城市建设只有短短几年的时间，指数较低也在情理之中。不过，顺应城市发展的趋势，我国的智慧城市水平急需进一步提升，智慧城市建设任重道远。

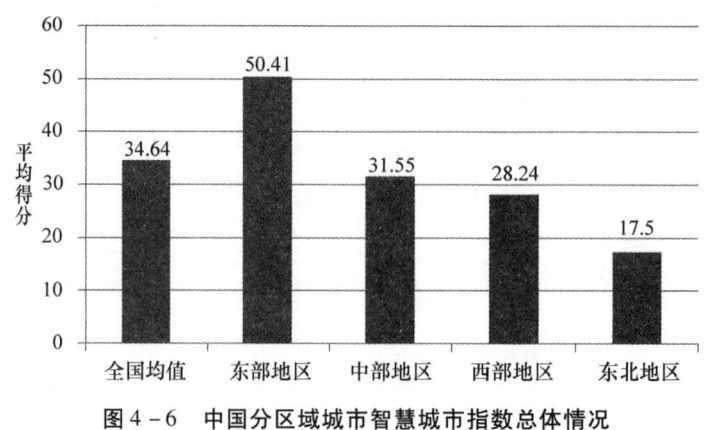

图 4-6 中国分区域城市智慧城市指数总体情况

对36个重点城市进一步的分析。整体上来看，重点城市的智慧城市指数相对较高，基本在50分以上。重点城市大概分为三个梯度：上海、深圳、广州三个城市的分值较高，归于第一梯度。北京到南宁，分数处于50分以上，智慧城市建设相对较好，属于第二梯度。沈阳到哈尔滨，分数基本处于50分左右或更低，智慧城市建设相对较差。从城市所在区域来看，位于东北地区和西部地区重点城市仍处于劣势。

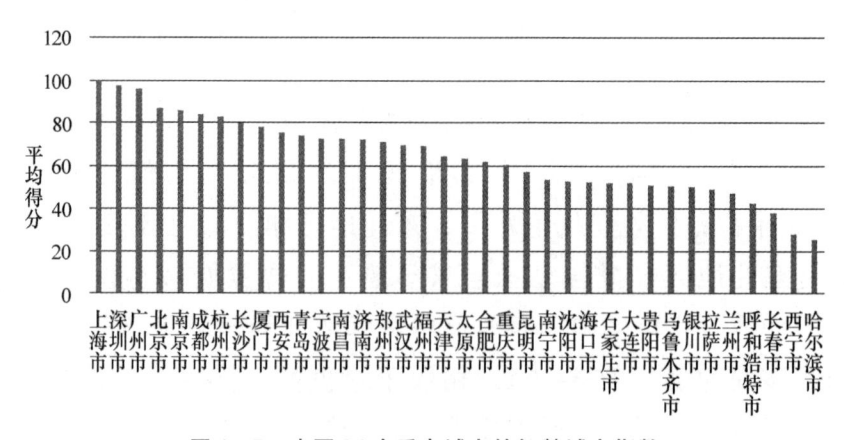

图 4-7 中国36个重点城市的智慧城市指数

(三) 人文城市排行榜

从整体来看，东部城市的人文城市指数依然排名靠前，但中西部城市排名相对有所提升，在前30名中，中西部地区和东北部地区城市占比达到37%；36个重点城市的排名都较为靠前，基本都在前100名之内，在105名以后的排名中没有重点城市；和绿色城市指标相一致，在排名较靠后的城市中，中西部城市较多，而南北差异依然明显，北方东部的部分城市，如邢台、沧州、菏泽、衡水排名靠后。报告显示，人文城市指数受城市历史文化等因素的影响较大，具有深厚底蕴的省会城市和改革开放以来经济发展走在全国前列的城市指数排名较为靠前。从南北的差异来看，尽管部分城市底蕴深厚，但在改革开放的大潮中，却落后于一些后发的城市。

排名前十的城市分别为北京、深圳、上海、南京、广州、杭州、珠海、东莞、济南、厦门，皆为东部沿海或滨海城市。北京、南京、杭州、济南历史文化底蕴深厚，深圳、上海、广州、珠海、东莞、厦门则凭借有利区位条件，借助改革开放的发展大潮，近些年迅速崛起，在人文城市建设上走在前列。

表4-4　　　　中国地级及以上城市人文城市排行榜

排名	城市	指数	排名	城市	指数	排名	城市	指数
1	北京	100.00	10	厦门	66.42	19	绍兴	57.06
2	深圳	85.11	11	苏州	63.48	20	嘉兴	56.32
3	上海	84.88	12	宁波	62.28	21	无锡	55.73
4	南京	79.54	13	长沙	60.50	22	青岛	54.91
5	广州	79.03	14	南昌	58.77	23	太原	54.70
6	杭州	76.50	15	舟山	58.33	24	中山	54.44
7	珠海	73.51	16	西安	58.15	25	郑州	53.63
8	东莞	70.03	17	克拉玛依	57.67	26	武汉	53.20
9	济南	68.21	18	沈阳	57.28	27	大连	52.94

续表

排名	城市	指数	排名	城市	指数	排名	城市	指数
28	兰州	52.89	58	东营	43.50	88	荆门	37.39
29	威海	52.89	59	嘉峪关	43.16	89	拉萨	37.36
30	成都	52.60	60	马鞍山	43.11	90	延安	37.36
31	天津	52.44	61	本溪	42.65	91	株洲	37.08
32	呼和浩特	52.31	62	衢州	42.51	92	鞍山	37.06
33	贵阳	51.35	63	盘锦	41.41	93	呼伦贝尔	36.92
34	烟台	51.19	64	德阳	41.33	94	唐山	36.90
35	佛山	50.43	65	攀枝花	40.79	95	景德镇	36.79
36	湖州	50.30	66	惠州	40.68	96	辽阳	36.65
37	铜陵	49.81	67	重庆	40.64	97	丹东	36.34
38	镇江	48.98	68	南通	40.61	98	营口	36.01
39	合肥	48.97	69	乌海	40.49	99	绵阳	35.81
40	昆明	48.64	70	大庆	40.43	100	鄂州	35.74
41	泰州	48.50	71	临沂	40.34	101	柳州	35.70
42	常州	48.29	72	泰安	40.13	102	淮南	35.26
43	包头	48.17	73	新余	40.10	103	宜昌	35.18
44	乌鲁木齐	47.52	74	鄂尔多斯	39.65	104	廊坊	35.07
45	海口	47.23	75	新乡	39.34	105	西宁	34.49
46	淄博	47.20	76	黄石	39.33	106	阜新	34.24
47	长春	46.52	77	扬州	39.32	107	雅安	33.99
48	福州	46.47	78	芜湖	39.23	108	三明	33.90
49	金华	45.96	79	南宁	39.20	109	咸阳	33.88
50	三亚	45.37	80	湘潭	38.82	110	吉林	33.75
51	温州	45.31	81	江门	38.81	111	淮安	33.30
52	抚顺	45.17	82	桂林	38.24	112	北海	33.15
53	台州	45.13	83	泉州	38.08	113	乐山	33.06
54	哈尔滨	44.54	84	石家庄	38.05	114	岳阳	33.03
55	秦皇岛	44.14	85	潍坊	37.78	115	九江	32.85
56	银川	44.05	86	锦州	37.51	116	防城港	32.81
57	莱芜	43.78	87	丽水	37.45	117	宜宾	32.73

续表

排名	城市	指数	排名	城市	指数	排名	城市	指数
118	黄山	32.70	148	洛阳	30.05	178	巴彦淖尔	28.32
119	漳州	32.66	149	大同	29.95	179	咸宁	28.21
120	滨州	32.44	150	徐州	29.94	180	伊春	28.20
121	佳木斯	32.41	151	白山	29.89	181	南充	28.17
122	焦作	32.35	152	安阳	29.85	182	资阳	28.07
123	石嘴山	32.30	153	衡阳	29.56	183	上饶	28.03
124	泸州	32.28	154	聊城	29.53	184	广元	27.99
125	内江	32.28	155	长治	29.49	185	崇左	27.86
126	金昌	32.26	156	茂名	29.47	186	广安	27.85
127	铜川	32.22	157	韶关	29.45	187	阳江	27.83
128	宝鸡	32.13	158	清远	29.25	188	保定	27.83
129	萍乡	32.04	159	朔州	29.21	189	遵义	27.76
130	遂宁	32.01	160	玉溪	29.11	190	宜春	27.72
131	蚌埠	31.97	161	汕头	29.02	191	钦州	27.69
132	阳泉	31.89	162	商洛	28.93	192	宁德	27.61
133	自贡	31.78	163	酒泉	28.90	193	十堰	27.59
134	南平	31.69	164	平顶山	28.89	194	通辽	27.58
135	盐城	31.66	165	眉山	28.86	195	七台河	27.56
136	淮北	31.54	166	宣城	28.80	196	湛江	27.40
137	肇庆	31.41	167	辽源	28.74	197	梧州	27.33
138	济宁	31.40	168	开封	28.71	198	滁州	27.27
139	日照	31.15	169	龙岩	28.71	199	漯河	27.26
140	荆州	30.64	170	吉安	28.68	200	宿迁	27.22
141	德州	30.63	171	葫芦岛	28.61	201	鹤壁	27.14
142	连云港	30.61	172	曲靖	28.61	202	池州	27.07
143	枣庄	30.41	173	达州	28.51	203	晋中	27.00
144	牡丹江	30.38	174	赣州	28.50	204	孝感	26.98
145	莆田	30.15	175	抚州	28.47	205	榆林	26.85
146	鹰潭	30.15	176	晋城	28.43	206	承德	26.71
147	襄阳	30.07	177	常德	28.38	207	玉林	26.65

续表

排名	城市	指数	排名	城市	指数	排名	城市	指数
208	三门峡	26.64	234	贺州	25.04	260	白城	23.14
209	来宾	26.63	235	白银	24.94	261	邢台	23.08
210	黑河	26.53	236	运城	24.82	262	阜阳	22.79
211	邯郸	26.47	237	齐齐哈尔	24.64	263	驻马店	22.72
212	许昌	26.45	238	信阳	24.49	264	六安	22.63
213	梅州	26.20	239	铁岭	24.43	265	沧州	22.62
214	张掖	26.15	240	益阳	24.36	266	河池	22.48
215	丽江	26.05	241	商丘	24.34	267	鹤岗	22.44
216	六盘水	26.04	242	随州	24.25	268	天水	22.40
217	张家口	25.95	243	朝阳	24.23	269	吕梁	22.24
218	忻州	25.94	244	濮阳	24.19	270	亳州	22.20
219	安庆	25.91	245	汕尾	24.14	271	菏泽	22.19
220	南阳	25.89	246	云浮	24.07	272	邵阳	21.74
221	通化	25.69	247	安顺	24.04	273	怀化	21.66
222	百色	25.63	248	中卫	24.04	274	临沧	21.06
223	乌兰察布	25.62	249	巴中	23.93	275	张家界	20.80
224	赤峰	25.62	250	永州	23.84	276	娄底	20.54
225	松原	25.52	251	揭阳	23.81	277	周口	20.25
226	双鸭山	25.47	252	吴忠	23.80	278	平凉	19.71
227	郴州	25.43	253	固原	23.77	279	绥化	19.13
228	河源	25.33	254	贵港	23.63	280	昭通	18.06
229	保山	25.32	255	黄冈	23.50	281	思茅	16.18
230	渭南	25.13	256	汉中	23.48	282	定西	15.74
231	四平	25.10	257	鸡西	23.46	283	陇南	13.01
232	潮州	25.09	258	宿州	23.33	284	庆阳	7.76
233	安康	25.08	259	武威	23.24	285	衡水	1.00

对全国四个区域人文城市指数的总体情况进行分析。全国的总体均值为34.76，只有东部地区平均得分在均值之上，为42.07，中部、西部、东北三个地区得分相近。报告显示，东部地区的人文城市建设在全国依然领先，中部、西部和东北地区较为落后，区间差距较小。全国整体的均值为34.76，相较于绿色城市指数的均值51.03更低，与智慧城市指数相近。虽然东部地

区分值较为领先，但与其他地区差别并不明显，全国的人文城市水平整体表现并不突出，需要全面提升。

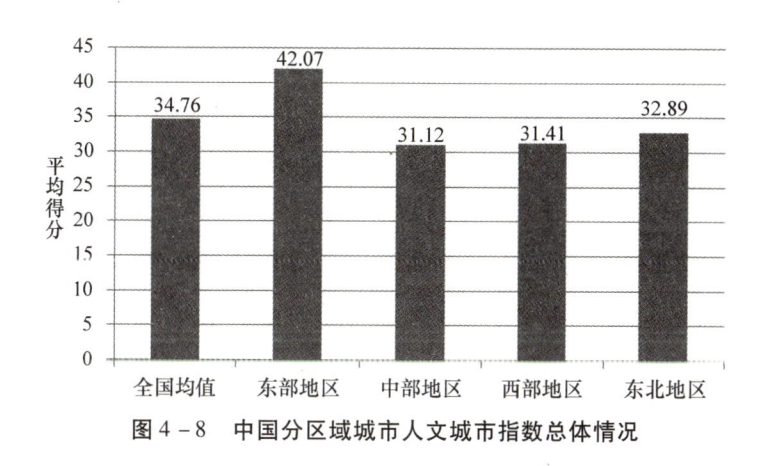

图4-8 中国分区域城市人文城市指数总体情况

36个重点城市的人文城市指数排序，基本可以归为两个明显的梯度。北京、深圳、上海、南京、广州、杭州为第一梯度，第一梯度的城市得分较高，均在75分之上。北京市的得分为100，在整个排名中异常突出，高于第二名的深圳市15分；济南市之后的城市归为第二梯度，分值在34—68分之间，其差值并不明显。从整体上来看，东部地区的重点城市排名靠前，西部地区的重点城市排名靠后，而中部和东北地区的城市居中。

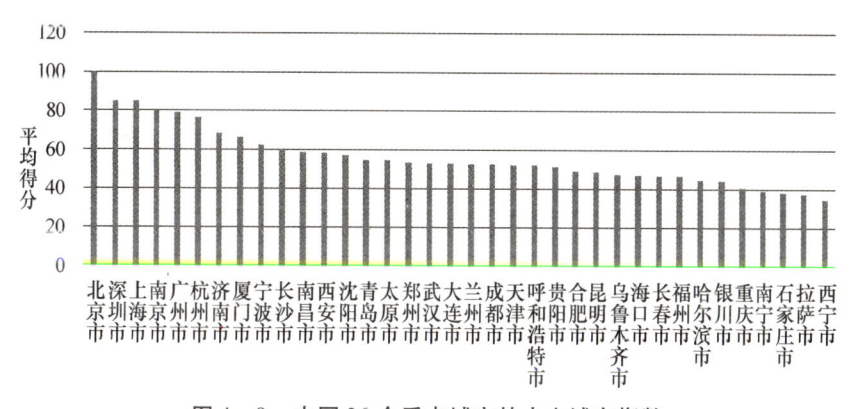

图4-9 中国36个重点城市的人文城市指数

(四) 分指数的相关关系

绿色城市指数、智慧城市指数、人文城市指数三个分专题相辅相成，呈现正相关关系。但是，我国绿色智慧城市不同专题领域的相互关系表明（见图4-10），智慧城市指数和人文城市指数相关性最强，相关系数高达0.745；绿色城市指数和人文城市指数的相关系数为0.261；而绿色城市指数和智慧城市指数的相关系数最小，为0.252。这说明智慧城市的建设和人文城市的建设高度相关，智慧城市的建设与人文城市的建设二者之间存在相互促进的关系；绿色城市的建设和人文城市的建设也具有相关性，二者之间同样存在相互促进的关系；绿色城市的建设与智慧城市的建设同样具有相关性，二者之间存在相互促进的关系。总体来说，绿色城市建设、智慧城市建设和人文城市建设三者之间具有较强的相关性，三者之间存在相互促进的关系。

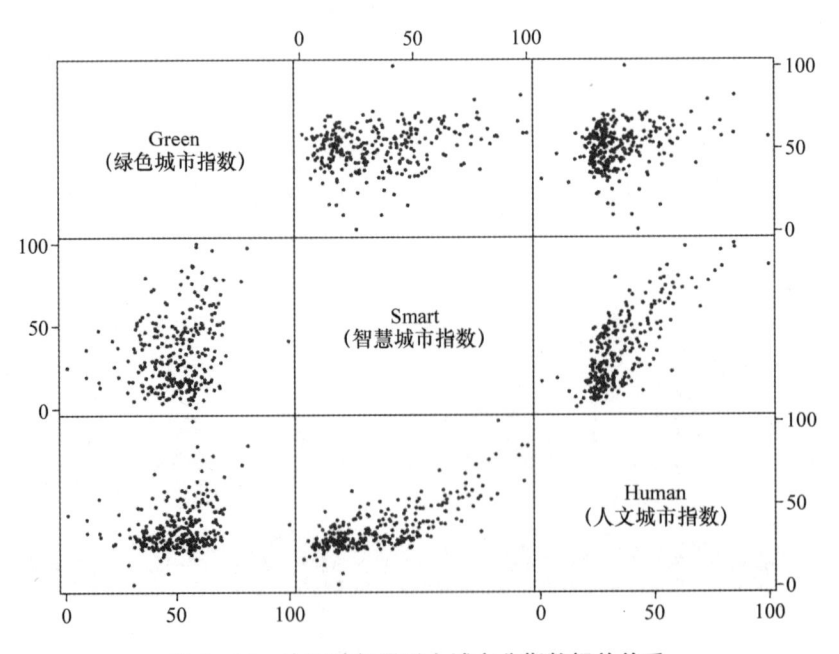

图4-10 中国地级及以上城市分指数相关关系

第四节 绿色智慧城市群排行榜

"十三五"规划对新时代中国特色城镇化道路的战略任务做出了部署,优化提升东部地区城市群,建设京津冀、长三角、珠三角世界级城市群,提升山东半岛、海峡西岸城市群开放竞争水平。培育中西部地区城市群,发展壮大东北地区、中原地区、长江中游、成渝地区、关中平原城市群,规划引导北部湾、山西中部、呼包鄂榆、黔中、滇中、兰州—西宁、宁夏沿黄、天山北坡城市群发展,形成更多支撑区域发展的增长极。

本书将重点分析以下19个城市群:5个国家级城市群(京津冀城市群、长三角城市群、珠三角城市群、长江中游城市群、成渝城市群),8个区域性城市群(哈长城市群、辽中南城市群、山东半岛城市群、海峡西岸城市群、关中平原城市群、中原城市群、北部湾城市群、天山北坡城市群),以及6个地区性城市群(呼包鄂榆城市群、山西中部城市群、宁夏沿黄城市群、兰西城市群、滇中城市群、黔中城市群)的绿色智慧城市建设水平。

(一)绿色智慧城市群发展水平总体状况

经过对相关数据的处理与计算,我们得到了全国19个城市群绿色智慧城市发展排行榜(表4-5、图4-11)。

表4-5　　　　　全国19个城市群绿色智慧发展排行榜

排名	城市群	绿色智慧发展得分
1	珠三角城市群	55.49
2	长三角城市群	54.71
3	山东半岛城市群	49.12

续表

排名	城市群	绿色智慧发展得分
4	海峡西岸城市群	44.56
5	天山北坡城市群	37.42
6	黔中城市群	37.19
7	长江中游城市群	37.01
8	成渝城市群	36.40
9	滇中城市群	35.40
10	呼包鄂榆城市群	35.35
11	北部湾城市群	35.11
12	辽中南城市群	33.70
13	京津冀城市群	33.55
14	哈长城市群	25.45
15	山西中部城市群	24.86
16	关中平原城市群	23.99
17	中原城市群	22.53
18	宁夏沿黄城市群	16.75
19	兰西城市群	14.09

注：（1）由于数据可得性与城市群划分，部分城市群所包含的市州未纳入绿色智慧城市打分：天山北坡城市群无昌吉市、米泉市、阜康市、石河子市、乌苏市、奎屯市；哈长城市群无延边朝鲜族自治州；关中平原城市群无临汾市；珠三角城市群无韶关市；滇中城市群无楚雄彝族自治州及红河哈尼族彝族自治州；（2）绿色智慧城市群得分由各城市群包含城市平均值求得。

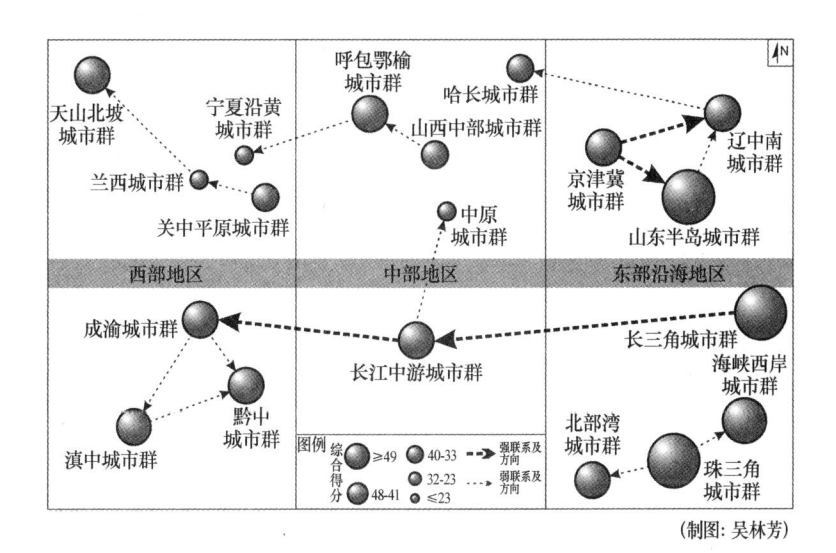

图 4-11　2017 年全国 19 个城市群绿色智慧发展状况示意图

（制图：吴林芳）

在全国 19 个城市群中，珠三角城市群、长三角城市群以及山东半岛城市群的绿色智慧发展综合水平位居前三甲。这 3 个城市群由南向北分布在我国的东部沿海地区，人口规模大，经济发展水平较高。中原城市群、宁夏沿黄城市群、兰西城市群位居 19 个城市群的后 3 位，主要集中在中西部地区，人口规模较小，经济发展水平较为滞后。

从全国的总体格局来看，绿色智慧城市群的建设水平呈现出东高西低、沿江沿海地区和大型城市群较高的分布格局。

（二）绿色智慧城市群内部发展差异

从各个城市群内部发展差异的情况来看，除了天山北坡城市群以外，城市群内部绿色智慧城市发展水平变异系数较小的几个城市群，其整体发展水平普遍不高，如天山北坡城市群、呼包鄂榆城市群、兰西城市群、中原城市群、哈长城市群等，内部变异系数低于 10。在 5 大国家级城市群中，内部差异度由低到高分别是长江中游城市群、成渝城市群、长三角城市群、京津冀城市群和珠三角城市群，其中，京津冀城市群、珠三角城市群位居 19 个城市群的倒数后两位，内部变异系数超过20（见表4-6、图4-12）。

这表明一些城市群的绿色智慧建设水平亟待整体提高。而几个总体发展较好的城市群，其城市群内部各城市间差距较大，因此也需要区域的协调发展。总体来看，长江中游城市群和成渝城市群的绿色智慧建设较有成效，同时也比较均衡。

表4-6 全国19个城市群内部各城市绿色智慧发展差异排行榜

排名	城市群	内部差异度
1	天山北坡城市群	2.11
2	呼包鄂榆城市群	6.96
3	兰西城市群	7.58
4	中原城市群	8.70
5	哈长城市群	9.25
6	北部湾城市群	11.81
7	长江中游城市群	12.47
8	成渝城市群	12.49
9	辽中南城市群	12.62
10	海峡西岸城市群	13.27
11	山东半岛城市群	15.61
12	黔中城市群	15.70
13	关中平原城市群	15.83
14	宁夏沿黄城市群	17.30
15	山西中部城市群	17.33
16	长三角城市群	18.93
17	滇中城市群	19.56
18	京津冀城市群	21.41
19	珠三角城市群	26.00

注：绿色智慧城市群内各城市差异由标准偏差求得。

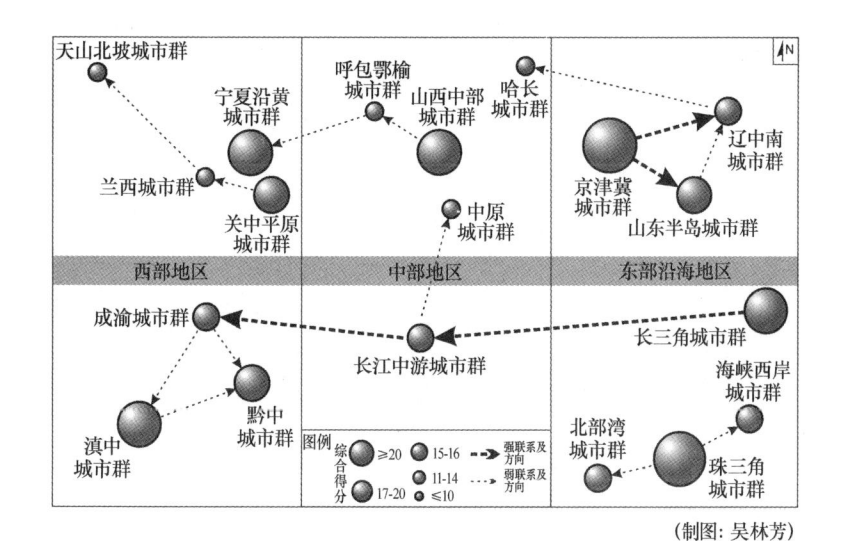

图4-12　2017年全国19个城市群绿色智慧发展差异示意图

（制图：吴林芳）

第五节　绿色智慧城市群分指数排行榜

（一）绿色城市群排行榜

对城市群内的城市取平均值得出城市群的总体得分，由此来看，东南部沿海地区城市群的绿色城市指数排名整体靠前（见表4-7）。排名前五的海峡西岸城市群、珠三角城市群、北部湾城市群、滇中城市群和长三角城市群，除了滇中城市群是位于西南部，其他城市群都是位于东南沿海地区。得分最低的五个城市群都是位于我国的中西部地区。绿色城市指数表现出城市群间较为明显的南北差异。南方的城市群普遍得分较高，而排名靠后的大多数是西北部地区的城市群。像北方经济发展飞速的京津冀城市群在绿色发展这一项排名第十三位。一方面，城市群的绿色发展和自身地理区位条件分不开，我国南北地区相差较大，北方条件较南方恶劣，因此在绿色发展这一方面北方城市群先天不足；另一方面，绿色城市的建设也与区域经济发展水平和产业布局有很大的关系。临海地区的城市群，有着得天独厚的区位优势，同时经济发展位于全国前列,因此所布局的产业大多污染少,技术含量高,对生态环境也比较友好。而中西部地区的资源密集型产业不仅消耗能源,同时在开采过程中也不可避免地会对环境造成负面影响。

再结合城市群内各城市绿色发展差异排行榜来看,虽然有些城市群总体上发展态势较好,但城市群内部的发展差异很大(见表4-8)。比如海峡西岸城市群和珠三角城市群的整体排名位于前列,然而其内部发展非常不均衡。有些城市群整体发展都比较落后,比如呼包鄂榆城市群,绿色发展平均排名靠后,但是标准差很小,说明城市群内各个城市在绿色建设方面水平相当,都有待提高。有些城市群总体上在绿色发展上面稍显逊色,同时城市群内部差异也非常大。比如兰西城市群还有宁夏沿黄城市群,这些城市群今后不仅需要大力发展绿色城市发展建设,与此同时也要注重区域的协调发展。从整体的趋势来看,东南部地区的城市群发展更好。像长三角城市群、滇中城市群和北部湾城市群,它们的绿色发展排行靠前,且内部差异比较小。这与城市群的整体产业发展战略是分不开的,都大力布局战略性新兴产业,同时,城市群注重生态环境建设和第三产业发展。

表4-7　　　　　　　全国19个城市群绿色城市排行榜

排名	城市群	绿色城市群得分
1	海峡西岸城市群	66.25
2	珠三角城市群	63.90
3	北部湾城市群	62.23
4	滇中城市群	60.13
5	长三角城市群	58.36
6	长江中游城市群	54.04
7	黔中城市群	52.94
8	辽中南城市群	51.96

续表

排名	城市群	绿色城市群得分
9	哈长城市群	51.84
10	山东半岛城市群	50.56
11	成渝城市群	50.25
12	呼包鄂榆城市群	46.44
13	京津冀城市群	43.00
14	关中平原城市群	42.85
15	中原城市群	41.24
16	天山北坡城市群	39.42
17	兰西城市群	34.53
18	山西中部城市群	33.23
19	宁夏沿黄城市群	32.08

表4-8 全国19个城市群内部各城市绿色发展差异排行榜

排名	城市群	绿色城市群内部发展差异度
1	呼包鄂榆城市群	4.14
2	长三角城市群	4.30
3	辽中南城市群	5.04
4	滇中城市群	5.08
5	北部湾城市群	5.64
6	中原城市群	5.82
7	成渝城市群	6.10
8	哈长城市群	7.37
9	黔中城市群	8.35
10	山西中部城市群	9.01
11	天山北坡城市群	9.31
12	关中平原城市群	9.47

续表

排名	城市群	绿色城市群内部发展差异度
13	长江中游城市群	9.76
14	海峡西岸城市群	10.35
15	珠三角城市群	10.48
16	山东半岛城市群	11.74
17	京津冀城市群	12.49
18	宁夏沿黄城市群	14.10
19	兰西城市群	14.12

（二）智慧城市群排行榜

由城市群的平均得分来看，东南沿海地区的长三角、珠三角城市群和海峡西岸城市群在智慧城市方面的建设处于国内领先地位（见表4-9）。其次是北方的东部地区如山东半岛城市群、京津冀城市群。然后是中部的成渝城市群和黔中城市群以及长江中游城市群。值得注意的是，位于西北部的天山北坡城市群在智慧城市群这一项的排名相对靠前，原因可能是其区域发展的增长极、全疆的中心乌鲁木齐市，城市发展水平相对较高。排名靠后的地区有南部的北部湾城市群、滇中城市群，也有中部地区的关中平原城市群、中原城市群，还有东北的辽中南城市群和哈长城市群，以及西部地区的宁夏沿黄城市群和兰西城市群。一定程度上，智慧城市群的排行和城市群所处的区位关系不大。基于智慧城市的建设对于信息和通信技术的依赖，排行的前后很大程度上取决于信息产业的发达程度。

而参照城市群内部差异排行榜，我们发现长三角和珠三角城市群内智慧城市的发展差异很大（见表4-10）。排名靠前的主要是上海、苏州、深圳、广州等城市，这说明城市群内部城市的联动发展还比较欠缺。智慧城市发展比较好，且城市间差异小的城市群主要有海峡西岸城市群、京津冀城市群等,而成渝城市群、山东半岛城市群虽整体发展良好,但城市间内部差异很大。智慧城市群排名靠后的哈长城市群和兰西城市群总体发展都不足,关中平原城市群和宁夏沿黄城市群不仅智慧城市建设缓慢,城市内部实力也参差不齐。

表 4-9　　　　全国 19 个城市群智慧发展排行榜

排名	城市群	城市群智慧发展水平
1	长三角城市群	57.98
2	珠三角城市群	54.77
3	山东半岛城市群	54.76
4	海峡西岸城市群	43.41
5	成渝城市群	42.11
6	京津冀城市群	41.84
7	黔中城市群	40.71
8	长江中游城市群	38.85
9	天山北坡城市群	36.57
10	山西中部城市群	35.69
11	呼包鄂榆城市群	35.25
12	北部湾城市群	28.90
13	滇中城市群	28.34
14	关中平原城市群	27.66
15	中原城市群	26.82
16	辽中南城市群	25.35
17	宁夏沿黄城市群	20.96
18	哈长城市群	18.27
19	兰西城市群	16.79

表4-10　全国19个城市群内部各城市智慧发展差异排行榜

排名	城市群	智慧城市群内部发展差异度
1	呼包鄂榆城市群	7.07
2	哈长城市群	9.47
3	黔中城市群	11.48
4	兰西城市群	11.80
5	中原城市群	15.63
6	北部湾城市群	16.46
7	海峡西岸城市群	16.46
8	辽中南城市群	16.86
9	山西中部城市群	18.31
10	京津冀城市群	18.87
11	长江中游城市群	19.78
12	天山北坡城市群	19.93
13	山东半岛城市群	20.31
14	宁夏沿黄城市群	20.50
15	关中平原城市群	20.60
16	成渝城市群	21.66
17	长三角城市群	25.15
18	滇中城市群	26.13
19	珠三角城市群	28.43

（三）人文城市群排行榜

由城市群的平均得分来看，西部地区的天山北坡城市群和华东华南地区等地的城市群如长三角城市群、山东半岛城市群、珠三角城市群等（见表4-11）排名靠前。中部地区的一些城市群如长江中游城市群、黔中城市群处于中间地位。南部地区也有排名较为靠后的，像北部湾城市群。总体来说，人文城市的建设还是和经济发展水平分不开，教育与基础设施的投资以及福利保障都需要一定的经济基础。

而对比城市群内部城市的差异可以发现，发展较为薄弱的中原城市群、成渝城市群以及北部湾城市群等内部差距较小，因此城市群人文城市建设水平有待于整体提升（见表4-12）。天山北坡城市群和辽中南城市群的发展比较均衡，实力也很强。原因之一可能是纳入统计的少数城市得分相对较高。而内部差异最大的三个城市群分别是长三角城市群、京津冀城市群和珠三角城市群。这几个城市群的形成时间都比较早，包含城市较多，发展水平参差不齐。比如京津冀城市群中北京市的得分是100分，而衡水市却只有1分，悬殊非常大。

表4-11　　　　　全国19个城市群人文发展排行榜

排名	城市群	人文城市群发展水平
1	天山北坡城市群	52.60
2	长三角城市群	49.35
3	山东半岛城市群	48.35
4	珠三角城市群	48.17
5	辽中南城市群	42.83
6	呼包鄂榆城市群	41.75
7	滇中城市群	35.45
8	京津冀城市群	35.01
9	长江中游城市群	34.57
10	黔中城市群	34.38
11	海峡西岸城市群	34.01
12	成渝城市群	33.75
13	山西中部城市群	32.35
14	北部湾城市群	31.93
15	哈长城市群	31.88
16	宁夏沿黄城市群	31.05
17	关中平原城市群	28.51
18	中原城市群	27.86
19	兰西城市群	26.51

表4-12　全国19个城市群内部各城市人文发展差异排行榜

排名	城市群	人文城市群内部发展差异度
1	中原城市群	6.37
2	成渝城市群	6.46
3	北部湾城市群	6.62
4	天山北坡城市群	7.18
5	辽中南城市群	7.74
6	哈长城市群	9.22
7	宁夏沿黄城市群	9.53
8	长江中游城市群	9.81
9	海峡西岸城市群	10.02
10	呼包鄂榆城市群	11.24
11	山东半岛城市群	11.33
12	滇中城市群	11.42
13	兰西城市群	12.25
14	关中平原城市群	12.93
15	山西中部城市群	12.96
16	黔中城市群	14.81
17	长三角城市群	15.65
18	京津冀城市群	22.15
19	珠三角城市群	22.26

第六节　绿色智慧城市的空间关系分析

（一）全国地级及以上城市绿色城市空间集聚效应分析

在本部分，我们应用空间计量的方法对中国285个地级及以上城市绿色智慧城市发展的空间相关性进行分析。首先根据中国各地级及以上城市的绿色智慧城市发展指数计算出Moran指数，其中，空间权重矩阵根据各城市距离平方的倒数计算得到。Moran指数可看作各地区绿色智慧城市发展水平的乘积和，取值范围介于-1至1之间：若其数值大于0，则说明城市绿色智慧发展水平存在空间正自相关，即相邻区域之间城市绿色智慧发展水平具有相似属性，绿色智慧城市发展水平高的城市集聚在一起，发展水平低的城市集聚在一起，数值越大说明空间分布的正自相关性越强，集聚的强度也越强；若其数值小于0，则说明绿色智慧城市发展水平存在空间负自相关，绿色智慧城市发展水平高的城市和绿色智慧城市发展水平低的城市集聚在一起，数值越小则说明各空间单元的离散性越大；若其数值为0，则说明绿色智慧城市发展水平服从随机分布，地区间不存在相关关系。

表4-13给出了中国285个地级及以上城市绿色智慧城市发展水平和绿色城市发展水平、智慧城市发展水平以及人文城市发展水平的Moran检验结果。从中可以看出，中国285个地级及以上城市绿色智慧城市发展水平与绿色城市发展水平、智慧城市发展水平以及人文城市发展水平均有显著的正向空间相关性。换言之，中国285个地级以上城市的绿色智慧城市发展水平在空间分布上并非处于完全随机的状况，而是某些地级及以上城市的相似值之间在空间上趋于集聚，显示中国城市绿色智慧城市发展水平存在空间上、区域上集聚的现象。

表4-13　　　　中国地级及以上城市Moran指数

指数	Moran's I	P值
总指数	0.366	0.000
绿色城市指数	0.438	0.000
智慧城市指数	0.305	0.000
人文城市指数	0.245	0.000

（二）全国地级及以上城市绿色智慧城市空间异质性分析

值得注意的是，全域Moran指数可以描绘经济变量整体的空间自相关性，但不能反映具体地区的空间依赖性，而局域Moran分析则可以提供各地区与相邻地区间的空间关系。在局域Moran分析中，一般是通过图形来展示不同地区的空间关系模式。通过在二维平面上绘制局域Moran指数散点图，将各区域互联网金融发展指数分为四个象限的集群模式,用以清晰识别一个区域与临近区域的空间关系。具体而言,第一象限为"高—高"组合,表示绿色智慧城市发展水平高的地区被同是高发展水平的地区包围;第二象限为"低—高"组合,表示绿色智慧城市发展水平低的地区被高发展水平地区包围;第三象限为"低—低"组合,表示绿色智慧城市发展水平低的地区被同是低发展水平的地区包围;第四象限为"高—低"组合,表示绿色智慧城市发展水平高的地区被低发展水平的地区包围。

为进一步分析中国地级及以上城市绿色智慧城市发展水平的空间集聚特征,我们绘制出了中国地级及以上城市绿色智慧城市发展水平以及绿色城市发展水平、智慧城市发展水平和人文城市发展水平三个分领域的局域 Moran 指数散点图(见图 4-13 至 4-16)。Moran 指数散点图是根据某地区绿色智慧城市发展水平所属局部空间的集聚类型,将其划分为四个象限,分别对应于地区城市绿色智慧发展水平与临近地区之间的四种类型的局部空间联系形式。总体而言,在以下四个 Moran 指数散点图中,中国 285 个地级及以上城市在四个象限均有分布,但分布各异,下面对各指数逐个加以分析。

在中国 285 个地级及以上城市绿色智慧城市发展水平的局域 Moran 指数散点图中(见图 4-13),落在四个象限中的城市数量相当,说明在城市协同发展能力上,四种组合的城市集聚类别同时存在。落在第一象限的大部分都是东部沿海城市,如深圳、上海、广州、南京、杭州、东莞等,属于"高—高"组合,这些城市本身绿色智慧城市发展水平高,周边城市绿色智慧城市发展水平也高,在绿色智慧城市发展水平排行榜中排名靠前,属于城市分类中的国家典型示范城市和区域性示范城市;落在第三象限的城市则恰恰相反,基本位于中西部地区和东北地区,如酒泉、天水、陇南、兰州、佳木斯等,属于"低—低"组合,这些城市本身绿色智慧城市发展水平低,周边城市绿色智慧发展水平也低,在绿色智慧城市排行榜中排名靠后,属于城市分类中的一般欠发展城市和欠发展城市;第四象限城市多为中西部地区的区域中心城市,如银川、西安、长春、太原、长沙、昆明等,属于"高—低"组合,这些城市本身绿色智慧城市发展水平高,但周边城市绿色智慧城市发展水平一般,在绿色智慧城市发展水平排行榜中排名靠后,属于城市分类中的区域示范城市;而第二象限又与此相反,多位于区域性示范城市的周边,如湘潭、阳江、清远、吴忠、临沂、渭南等,属于"低—高"组合,这些城市周边的区域性示范城市的绿色智慧城市发展水平高,但这些城市本身的绿色智慧城市发展水平却一般,在绿色智慧城市发展水平排行榜中排名居中,属于城市分类中的一般城市。这也说明中国地级及以上城市绿色智慧发展水平在表现出一定的空间集聚特征之外,也有一定的空间异质性,空间集聚并不是绝对的、完全的。

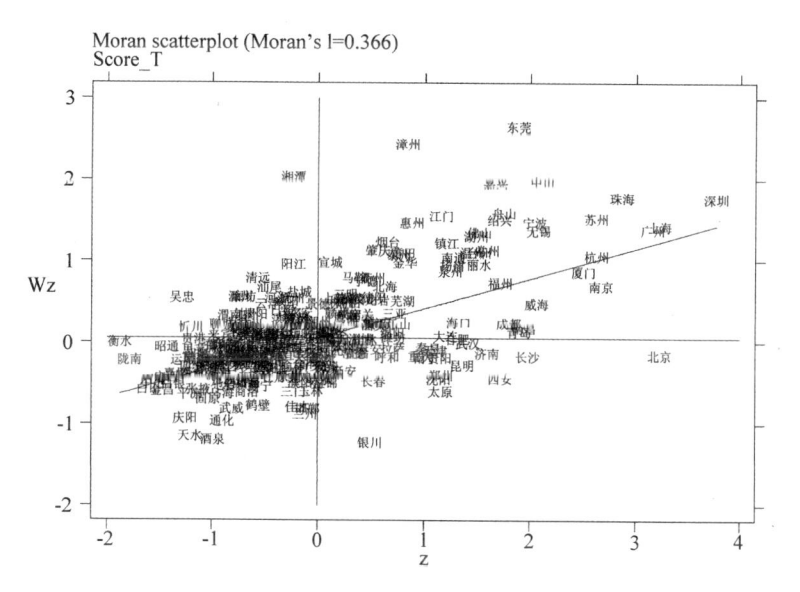

图 4-13 中国地级及以上城市绿色智慧城市指数局部 Moran's I 散点图

在全国地级及以上城市绿色城市指数的局域 Moran 指数散点图中(见图 4-14),绝大多数城市落在第一象限和第三象限,

其余城市则散落在第二象限和第四象限,说明全国地级及以上城市在绿色城市发展水平上,绝大多数城市属于"高—高"组合和

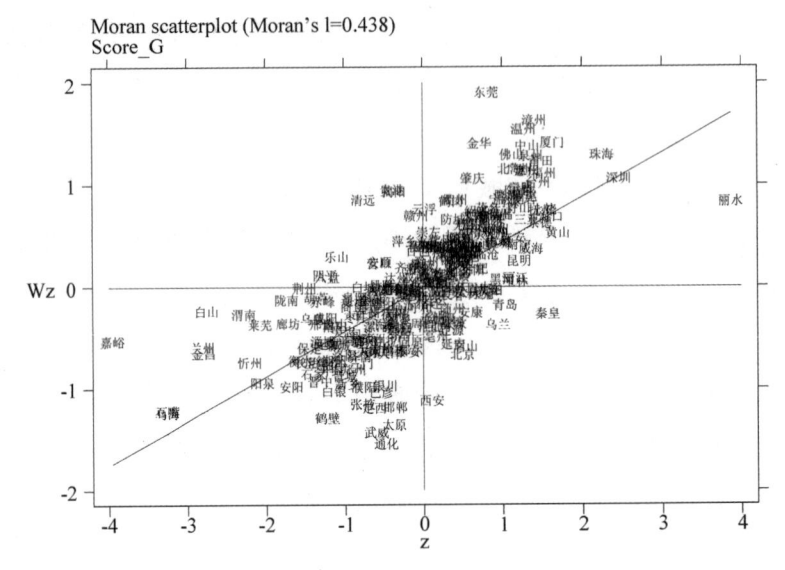

图 4-14 中国地级及以上城市绿色城市指数局部 Moran's I 散点图

"高—低"组合。落在第一象限的城市属于"高—高"组合,这些城市本身绿色城市发展水平高,周边城市绿色城市发展水平也高,这部分城市在绿色城市发展水平排行榜中排名中上游,如厦门、深圳、丽水、黄山等;落在第三象限的城市则恰恰相反,如临沂、廊坊、陇南、张掖等,这些城市多位于西部生态脆弱地区,以及近年来环境质量表现较差的部分中东部和东北地区属于"低—低"组合,这些城市本身绿色城市发展水平低,周边城市绿色城市发展水平也低,在绿色城市发展水平排行榜中排名中下游;第四象限城市数量相对较少,如北京、青岛、秦皇岛、西安等,属于"高—低"组合,这些城市本身绿色城市发展水平高,但周边城市绿色城市发展水平一般,在绿色城市发展水平排行榜中排名中上游;落入第二象限的城市又与此相反,属于"低—高"组合,如赣州、乐山、清远、安顺等,这些城市周边的绿色城市发展水平

高，但这些城市本身的绿色城市发展水平却一般，这些城市在绿色城市发展水平排行榜中排名下游。

在全国地级及以上城市智慧城市指数的局域 Moran 指数散点图中（见图 4-15），四个象限均有城市分布，其中落在第一象限和第三象限的城市较多，落在第二象限和第四象限的城市较少，说明全国地级及以上城市在智慧城市发展水平上，属于"高—高"组合和"低—低"组合的城市数量较多。落在第一象限的城市属于"高—高"组合，这些城市本身智慧城市发展水平高，周边城市智慧城市发展水平也高，这部分城市在智慧城市发展水平排行榜中排名中上游，如北京、上海、深圳、苏州、杭州等，大多数城市为东部沿海地带，经济发展水平较高的城市；落在第三象限的城市则恰恰相反，如天水、商洛、洛阳、思茅等，这些城市多位于经济发展水平较为落后的地区，属于"低—低"组合，这些城市本身智慧城市发展水平低，周边城市智慧城市发展水平也低，落在这一象限的城市数量最多，这些城市在智慧城市发展水平排行榜中排名中下游；第四象限城市数量相对较少，如长沙、银川、沈阳、南宁、昆明等，属于"高 低"组合，这些城市本身智慧城市发展水平高，但周边城市智慧城市发展水平一般，在智慧城市发展水平排行榜中排名中上游，这些城市大多为中西部地区以及东北地区的首都，属于区域性中心城市的范畴；落入第二象限的城市义与此相反，属于"低—高"组合，如湘潭、吴忠、阳江、廊坊等，这些城市周边的智慧城市发展水平高，但这些城市本身的智慧城市发展水平却一般，这些城市在智慧城市发展水平排行榜中排名下游，落入这一象限的城市数量也较多。从落在四个象限的城市数量上来分析，可以看出我国智慧城市发展水平高的城市仍较为稀少，大多数城市的智慧城市发展水平一般，我国城市的智慧城市发展水平整体上仍有较大的可提升空间。

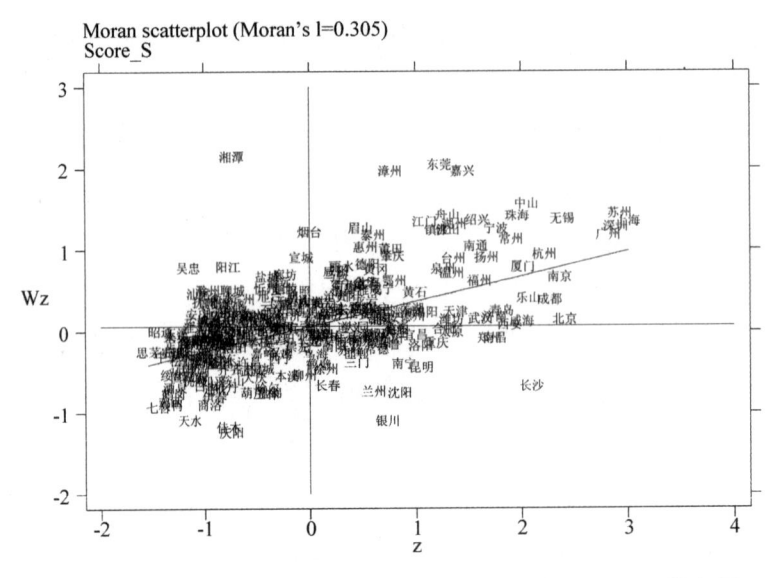

图 4-15 中国地级及以上城市智慧城市指数局部 Moran's I 散点图

在全国地级及以上城市人文城市指数的局域 Moran 指数散点图中（见图 4-16），四个象限均有城市分布，但绝大多数城市落在第三象限，其余城市则散落在第一象限、第二象限和第四象限，说明全国绝大多数地级及以上城市在人文城市发展水平上属于"低—低"组合。落在第一象限的城市属于"高—高"组合，这些城市本身人文城市发展水平高，周边城市人文城市发展水平也高，这部分城市在人文城市发展水平排行榜中排名上游，如上海、深圳、南京、广州、杭州等，大多数城市为东部沿海地带经济发展水平较高的城市；落在第三象限的城市则恰恰相反，如天水、庆阳、陇南、邯郸等，这些城市多位于经济发展水平较为落后的地区，属于"低—低"组合，这些城市本身人文城市发展水平低，周边城市人文城市发展水平也低，落在这一象限的城市数量最多，这些城市在人文城市发展水平排行榜中排名中下游；第四象限城市数量相对较少，如银川、兰州、太原、西安、沈阳、哈尔滨、昆明等，属于"高—低"组合，这些城市本身人文城市发展水平高，但周边城市人文城市发展水平一般，在人文城市发展水平排行榜中排名中上游，这些城市大多为中西部地区以及东北地区的首都，属于区域性中心城市的范畴；落入第二象限的城市又与此相反，属于"低—高"组合，如漳州、肇庆、铁岭、宣称、定西等，这些城市周边的人文城市发展水平高，但这些城市本身的人文城市发展水平却一般，这些城市在人文城市发展水平排行榜中排名下游，落入这一象限的城市数量也较多。从落在四个象限的城市数量上来分析，可以看出我国人文城市发展水平高的城市仍较为稀少，大多数城市的人文城市发展水平一般，我国城市的人文城市发展水平整体上仍有较大的可提升空间。

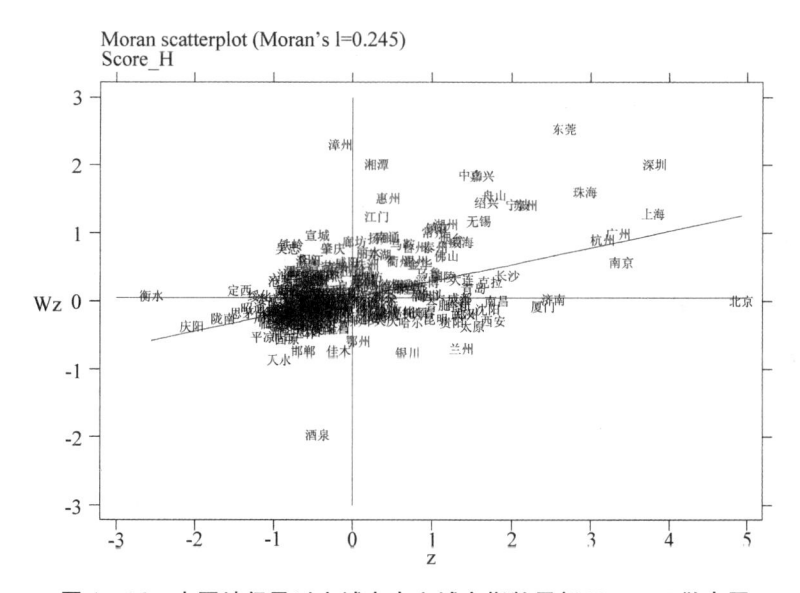

图 4-16 中国地级及以上城市人文城市指数局部 Moran's I 散点图

（执笔：滕堂伟、王丰龙、石庆玲、葛世帅、苏灿、欧阳鑫、孙蓉）

第五章 绿色智慧城市建设的对策与建议

近年来，绿色智慧城市发展受到国家高度重视，相继出台了多部关于生态城市建设和智慧城市建设的政策指导性文件，对绿色智慧城市建设发挥了重要的指导作用。根据本书对中国绿色智慧城市指数的分析，我们发现，当前中国绿色智慧城市建设已取得了较好的效果，但不可否认，也面临一系列问题和挑战。促进中国绿色智慧城市发展，绿色智慧城市建设仍需在诸多方面予以改进。放眼未来，中国绿色智慧城市建设任重而道远，需要我们付出艰苦而富有智慧的努力。

第一节 问题导向

根据本书的研究结果，这一节针对我国绿色智慧城市发展中存在的主要问题，提出相应的政策建议。

（一）注重核心中心城市的综合发展，提高绿色、智慧、人文的协同发展水平

本书对中国绿色智慧城市的绿色城市、智慧城市、人文城市三个维度指数的相关性进行了分析。从总体上来说，中国城市在绿色城市、智慧城市、人文城市三个维度建设上存在着一定的正相关性，但是其建设的相关性并不高，只有智慧城市建

设和人文城市建设的相关性较高，约为0.75，而绿色城市建设与人文城市建设，以及绿色城市建设与智慧城市建设的相关性仍有待于提高。绿色城市的发展与智慧城市的发展不应该相剥离，否则便会出现只重视绿色城市的发展而忽视智慧城市的发展，或者只重视智慧城市的发展而忽视绿色城市发展的情形出现，这种发展模式是与绿色智慧城市的初衷和宗旨相违背的，不符合绿色智慧城市发展的要求，而从本书的评估结果来看，此类绿色智慧城市的发展模式是存在的。绿色智慧城市的建设和发展必须两条腿走路，同时重视绿色城市的发展与智慧城市的发展。

此外，中国绿色智慧城市发展中存在着绿色城市建设与人文城市建设相关性不高的情况。无论是绿色智慧城市的定义还是绿色智慧城市的内涵，都明确了以人为本是绿色智慧城市建设的核心理念。绿色城市的建设和智慧城市的建设最终都服务于广大民众的，因此无论是绿色城市的发展还是智慧城市的发展都应该与人文城市的发展相互促进、相辅相成。而根据本书的分析，发现我国绿色城市的建设仍有待于与人文城市建设相促进。因此，我国绿色智慧城市的建设必须坚持绿色城市建设和智慧城市建设两条腿走路、相辅相成，同时绿色城市的建设和智慧城市的建设必须积极促进人文城市的建设，最终为广大民众的生活提供舒适、方便和快捷的体验。

（二）发挥中心城市引领作用，带动周边城市建立高水平绿色智慧城市

本书通过对中国绿色智慧城市建设的空间关系进行分析，发现在我国绿色智慧城市建设中，国家级示范城市对周边城市的引领作用有待进一步发挥。绿色智慧城市指数以及智慧城市发展指数的空间分布特征为，"高—高"组合和"低—高"组合较少，而"低—低"组合和"高—低"组合则较多，这说明国家典型示

范城市和区域性中心城市的数量仍较少,且这些城市对周边城市的引领带动作用十分有限,绿色智慧城市发展较好的城市应发挥出更大的引领作用,带动周边城市共同发展绿色智慧城市。相对而言,中国地级及以上城市的绿色智慧城市发展指数的空间分布特征为"高—高"组合较多,说明绿色智慧城市的协同发展能力相对较好,而人文城市发展指数的空间分布特征则为大多数城市都属于"低—低"组合,人文城市的整体发展水平仍然偏低,能够带动周边城市发展人文城市的国家典型示范城市和区域中心城市较为稀少。总体来说,我国绿色智慧城市的发展,应进一步打造国家典型示范城市和区域中心城市,同时更应发挥其引领作用,带动周边城市共同建设高水平的绿色智慧城市,形成绿色智慧城市城市群的发展模式。

(三) 因地制宜,重视边缘中小城市的特色建设

中国幅员辽阔,各城市均有其自身的发展优势,比如丽水在绿色城市发展中表现突出,名列绿色城市发展水平榜首,而丽水在智慧城市和人文城市方面的表现则较为一般。在绿色智慧城市的建设过程中,应因地制宜,明确这类城市的具体定位,将其打造成特色性的智慧城市,而非追求千城一面。同样的,也有很多城市分别在智慧城市和人文城市的发展中表现优异,名列该分领域指数排名榜前茅,而在其他分领域指数排行中则表现一般。这类城市应该被作为发挥当地优势因地制宜建设的重点城市和典型城市,发展绿色智慧城市的建设。事实上,当前中国在因地制宜发展特色城市上已经进行了很好的尝试,比如当前对特色小镇的打造正符合这一城市建设发展理念。未来中国在绿色智慧城市建设方面,应充分考虑当地的资源禀赋和优势产业,因地制宜,打造一批特色性绿色智慧城市,而不是各方面发展水平均一般的绿色智慧城市。

（四）提高绿色智慧的应用普及率，倡导生活方式的转变

当前，我国绿色智慧城市的发展还处于起步阶段，绿色智慧并没有深入城市居民生活的每一个方面，绿色智慧城市的发展还需扩大绿色智慧的应用普及率。虽然在一些城市，绿色智慧交通、绿色智慧医疗等社会基本服务的绿色智能化已经初见成效，但绿色智慧城市的发展仍需要推广更多的绿色智慧应用，需要将信息技术向更多的生活和消费领域积极推进，且城市居民新型的生活方式和消费观念仍有待进一步形成。比如，倡导加强绿色智慧社区的建设，为居民提供绿色智慧应用、绿色智慧家居、绿色智慧医疗、社区安全等低碳化、智能化的应用，从而实现城市居民绿色智慧的生活方式，打造绿色智慧城市。

第二节　目标导向

总结全球绿色智慧城市发展的成功经验，并结合我国绿色智慧城市发展中存在的主要问题，本节以我国绿色智慧城市发展的目标为切入点，提出相应的政策建议。

（一）对标国际一流，打造一批具有全球竞争力的绿色智慧城市

对标纽约、伦敦、柏林、东京、巴黎、巴塞罗那、多伦多等国际顶级生态智慧城市，学习和借鉴国际先进绿色智慧城市建设经验，参考欧洲 Eco-Smart City 评估框架，从智慧生态、智慧经济、智慧交通、智慧生活、智慧治理和智慧人口六个方面，科学分析和研判基础条件好、发展潜力大的城市存在的主要短板，借助智能技术推动城市经济绿色转型，推进城市通勤和城市生活的智慧化、低碳化，强化政府行政与城市治理的公平、透明和高效，不断补齐绿色化、智慧化发展短板，力争到 2025 年把上海、

北京、广州、深圳等一批代表性国家中心城市建设成为具有全球竞争力的绿色智慧城市。

(二) 突出城市个性，建设一批区域性、特色化的绿色智慧城市

欧洲国家绿色智慧城市建设经验表明，绿色智慧城市发展因各自城市自身特征和面临问题的差异性而具有多样性，不同城市推进绿色智慧城市建设所要达成的目标也各有侧重。因此，应当依托代表性城市的主体特征和优势领域，建设一批特色化发展模式的绿色智慧城市，使之成为区域乃至全国范围内的特色型绿色智慧城市。具体而言，可将丽水、珠海、黄山、海口、厦门、秦皇岛、上饶、福州、景德镇等在绿色生态领域具有突出优势的城市，建设成为以智慧生态为主体特色的绿色智慧城市；可将苏州、中山、无锡、佛山、常州、天津、成都等在智慧城市领域具有主导优势的城市，建设成为以智慧经济、智慧管理和智慧设施为主体特色的绿色智慧城市；可将东莞、南京、杭州、济南、长沙、呼和浩特、宁波、西安、克拉玛依、乌鲁木齐、嘉兴、南昌等在城市文化和人文生活领域具有典型优势的城市，建设成为以城市人文为主体特色的绿色智慧城市。

(三) 补短板，抓重点，借助智慧技术推动后进城市绿色智慧转型

整体来看，当前我国绿色智慧城市发展还比较滞后，绿色智慧城市评价综合得分低于50分的城市有243个，占285个地级以上城市的85.26%；综合得分低于30分的城市也有67个。因此，当前我国绿色智慧城市建设面临的最大压力是如何充分借助智慧技术的助推效用，不断补齐短板，找到重点领域和关键突破口，大力推动一大批后进城市绿色化、智慧化转型发展。建议加快推进后进城市的类型学划分，诸如城市人口规模、城市经济水平、空间区位、城市主体特征等，并根据不同城市类别，选择一批典型性城市进行绿色智慧城市建设试点，在建设实践中充分吸收和借鉴国内外先进绿色智慧城市建设经验，不断探寻和总结不同类别绿色智慧城市的创新发展模式，并将之逐步在更大范围内试验、改进和推广，以期全面推动后进城市的绿色、智慧转型发展。

（四）加强政府主导和市场引导，共同引导绿色智慧城市建设

绿色智慧城市的建设和发展既需要政府发挥主导作用，也需要市场发挥引导作用，只有政府力量和社会力量共同参与，才能够打造出健康可持续的绿色智慧城市。在政府和市场的关系上，应该形成政府主导，进行全局把握，市场为辅，参与建设的发展模式。同时，要设立专业化的绿色智慧城市建设管理部门，形成系统化的管理体系，统一规划、制订、落实绿色智慧城市发展规划。在绿色智慧城市的建设过程中，要发挥市场"无形的手"的引导作用，发挥重要企业在技术、数据和资金上的优势，引导其他企业参与城市规划设计。绿色智慧城市的建设，更加离不开政府与市场的合力，加快电子政府与政府系统办公协同平台建设，加快政府网站与各类公共服务平台的整合、现代信息技术与城市公共服务设施之间的整合，畅通各部门信息交换渠道，打破信息孤岛，提高居民的生活便利程度和满意程度。

第三节 工程导向

本节以国家重大战略部署为引导，在具体工程操作上，分别从国家层面和地级及以上城市层面对我国绿色智慧城市的发展，提出建设性的政策建议。

（一）完善顶层设计，从国家层面保障绿色智慧城市建设

绿色智慧城市的建设和推进，是国家的长远发展目标，是一项长期而复杂的系统工程，不可能一蹴而就，离不开国家层面的战略规划。绿色智慧城市的建设和发展，还需在以下几个方面进一步完善。

第一，以党的十九大报告新发展理念为引领，推进中国绿色智慧城市建设的可持续发展。绿色智慧城市建设，需要国家积极出台具有可操作性的相关政策进行引导，需要在规划中坚持前瞻性、协同性和约束性原则，需要在顶层设计上做好总体规划、过程规划、具体规划，最终层层落实。党的十九大报告提出，要贯彻新发展理念，建设现代化经济体系。因此本书强调绿色智慧城市的建设离不开新发展理念的引导，必须要搞好谋篇布局，抓好具体落实，开辟城市可持续发展新路径。新发展理念离不开创新这一前提条件和重要动力，国家层面应以党的十九大精神为指导，继续通过模式创新和机制创新培育发展新动力、构建产业新体系。比如，注重运用"互联网+"引领新型智慧城市建设，充分发挥云计算、大数据、物联网等新技术的支撑作用。促进技术与资本、管理、人才等要素集成，推动信息技术和大数据产业孵化与培育。绿色智慧城市建设还应贯彻协调发展理念，促进区域协调发展、城乡一体发展，统筹兼顾、综合平衡，补短板、缩差距，推动资源配置和基本公共服务均等化。应在充分发挥市场配置资源决定性作用的同时，更好地发挥政府作用，制订具有前瞻性、全局性、针对性和可操作性的新型智慧城市战略规划，鼓励区域、城乡和部门分工协作，优化资源配置。

此外，习近平总书记在党的十九大报告中还就生态文明建设提出新论断，坚持人与自然和谐共生成为新时代坚持和发展中国特色社会主义基本方略的重要组成部分。党的十九大报告指出，在新时代必须坚持和发展中国特色社会主义的基本方略，坚持人

与自然和谐共生,加快生态文明体制改革,建设美丽中国。绿色智慧城市的建设和发展必须大力推进这一政策的落实工作。报告提出,到2035年生态环境根本好转,美丽中国目标基本实现,到21世纪中叶把我国建成富强民主文明和谐美丽的社会主义现代化强国。届时,绿色智慧城市的发展和建设也应进入较为成熟的阶段,取得辉煌成效。

第二,坚持"十三五"规划对我国绿色智慧城市的整体规划落实。"十三五"规划在宏观战略层面对我国"一带一路"、长江经济带、京津冀协同发展等国家重大战略以及国家新型城镇化等进行了重要部署,其中多个部署涉及绿色智慧城市的发展。在绿色智慧城市建设方面,提出了对不同城市在实施重大战略过程中的城市功能定位,这些城市功能定位影响着城市的基础设施建设、网络平台建设、产业发展转型等方方面面。因此,不同城市在开展绿色智慧城市建设中,必须首先找准该城市在国家重大战略部署中的具体定位,依据功能定位去开展城市各方面技术信息化建设。早在2006年,发改委便联合八部委印发了《关于促进智慧城市健康发展的指导意见》,《意见》提出:"到2020年,建成一批特色鲜明的智慧城市,要在保障和改善民生服务、创新社会管理、维护网络安全等方面取得显著成效。"因此,绿色智慧城市建设应在找准该城市在国家重大战略中定位基础上,实现因地制宜,建设有特色化的绿色智慧城市,避免千城一面的不合理发展模式。

第三,以宪法为指导,进一步加大力度建设绿色智慧城市。2018年对于绿色城市建设来说,是极其浓墨重彩的一年。2018年3月5日,国务院总理李克强在作政府工作报告时说:"五年来,我们坚持人与自然和谐发展,着力治理环境污染,生态文明建设取得明显成效。主要污染物排放量持续下降,重点城市重污染天数减少一半。坚持人与自然和谐发展,着力治理环境污染,生态文明建设取得明显成效。"3月11日,十三届全国人大一次会议表决通过了《中华人民共和国宪法修正案》，"生态文明"历史性地写入了宪法。生态文明入宪提升了生态文明的法律地位、增强了法律效力，让生态文明的主张成为国家意志的生动体现。3月17日，十三届全国人大一次会议表决通过了关于国务院机构改革方案的决定，根据该方案，将组建生态环境部。新组建的生态环境部的主要职责是，制定并组织实施生态环境政策、规划和标准，统一负责生态环境监测和执法工作，监督管理污染防治、核与辐射安全，组织开展中央环境保护督察等。这一系列重要举措体现了党和政府治理生态问题的决心和恒心。宪法的指导，对于我国绿色智慧城市的建设，具有划时代的重大意义。

第四，完善地方政府政绩考核机制，鼓励地级及以上城市开展绿色智慧城市建设。绿色智慧城市的建设不同于经济发展，大力发展绿色智慧城市建设并不一定会为当地政府带来经济上的利益，而一直以来中央政府对地方政府政绩的考核则更多地看重经济的增长水平，这就使得地方政府在发展当地绿色智慧城市的建设中缺少激励。虽然近年来随着环境问题越来越受到关注，中央政府在对地方政府政绩进行考核时，已经适当增加了对当地环境质量的考核，但对智慧城市和人文城市的考核则仍缺失，不利于地方政府发展绿色智慧城市，因此发展绿色智慧城市，还应完善地方政府的政绩考核机制，鼓励地级及以上城市开展绿色智慧城市的建设工作。

（二）夯实建设基础，从城市层面保障绿色智慧城市发展

我国绿色智慧城市的建设和发展之路还在不断地摸索和实践之中，推动地级及以上城市的绿色智慧城市建设是突破口，是抓手，必须重点把握。

第一，注重生态文明建设，实现可持续化发展。生态优美、绿色发展是绿色智慧城市建设的前提。在我国雄安新区建设提出之时，习近平总书记即提出要打造优美生态环境，构建蓝绿交

织、清澈明亮的生态城市，这一理念推之全国而适用。在我国绿色智慧城市建设过程中，必须重点做好水资源和大气污染等的治理工作，同时更要严守生态红线，坚决避免走先污染后治理的老路。从国家层面和宏观层面来说，必须大力推动产业结构调整，实行资源、能源的智慧管理和控制，如智慧电网、智慧水源等项目；推动能源结构转型，用可再生能源为基础的新型能源体系来取代以化石能源为基础的传统能源体系，以循环经济、绿色经济、低碳经济为基础，综合利用风能、太阳能、天然气等清洁能源，减少污染源的产生。通过对资源、能源的合理使用，提升能源使用效率，实现绿色节能。同时积极推动产业转型，发展高精尖产业和进行创新体制改革，关注和扶持绿色产业的发展，比如智慧工业的绿色化，倡导生活方式的转变，打造生态宜居的绿色智慧城市。

第二，完善信息基础设施建设，打造以人为本的智慧服务体系。绿色智慧城市的建设，离不开基础信息设施的建设，应高度注重城市通信、城市空间数据交换平台、信息等基础设施的建设和发展，打造绿色智慧城市的绿色智慧基础。从城市层面来说，建设绿色智慧城市，必须注重提升城市无线宽带网络覆盖率，加强城市物联网、云计算和网络计算机的结合，同时搭建城市信息共享平台、信息服务平台、跨行业共享服务平台、公共安全服务平台、社会生态与污染平台，实现对城市的交通、环境、人口、医疗卫生、公共安全等领域的立体感知，实现决策者对城市的高效、科学治理。进而依托互联网、物联网、大数据等信息化基础平台，积极探索智慧交通、智慧医疗、智慧政务、智慧环境、智慧养老等应用领域，最终为公民提供丰富、个性、高效的公共服务，实现以人为本的绿色智慧城市。

第三，加强技术创新，为绿色智慧城市建设提供支撑点。技术创新，是绿色智慧城市建设得以实现所必需的支撑点，因此，绿色智慧城市建设必须积极引进高新技术产业，同时积极探索与外部发达地区的产业合作，实现绿色智慧的经济发展。从城市层面来讲，加强当地的技术创新，还需要积极打造高水平的创新平台，以优惠的产业政策来吸引创新企业，吸纳创新要素聚集，形成高科技、创新型、低耗能的绿色智慧型产业群。同时，也需要具备一定的世界视野，注重加强与国际发达国家的合作交流，引入高新技术，扩大开放程度。此外，也应积极发挥市场作用，搭建"互联网＋"的招商引资平台，调动民间资本、小额信贷公司、商业银行信贷等多层次的融资体系和多样化的融资渠道，为创新型技术企业提供友好的生存空间，从而服务于绿色智慧城市的建设。

　　第四，因地制宜，根据不同城市的类型和功能定位，建设与之相对应的绿色智慧城市。对于国家特大城市和大城市，应一方面提升其绿色智慧城市的发展水平，对标国际一流绿色智慧城市；另一方面更要起到引领作用，带动周边城市的绿色智慧城市发展水平，而非制约和虹吸周边城市的绿色智慧城市发展水平。对于区域性中心城市，其绿色智慧城市的建设重点应聚焦在对周边中小城市的带动作用，与周边中小城市协同发展，形成具有一定影响力和不同特征的绿色智慧城市群。对于绿色智慧城市发展水平欠发达的小城市，其绿色智慧城市的发展应重在挖掘其本身的优势所在，建设特色化绿色智慧城市，同时还应借助周边大中城市的引领和扶持作用，提升其绿色智慧城市的发展水平。

（执笔：胡德、石庆玲）

附录一　中国绿色智慧城市建设大事记[①]

2012年11月22日，中华人民共和国住房城乡建设部办公厅下发《关于开展国家智慧城市试点工作的通知》，并且同时发布了《国家智慧城市试点暂行管理办法》以及《国家智慧城市（区、镇）试点指标体系》，作为国家最早提出的智慧城市试点指标体系，其专门强调了园林绿化、历史文化保护、建筑节能、绿色建筑等方面的指标。

[①] 自绿色智慧城市的概念兴起以来，尽管面临着巨大的城镇化压力以及相对不均衡的地区发展现状，我国在绿色智慧城市建设及其相关领域依旧砥砺前行，取得了相当的成就。在本书的结尾特别尝试对绿色智慧城市建设的大事记做出总结，这既是为了呼应本书所一再强调的绿色智慧城市的重要建设意义，更是为了给广大绿色智慧城市的建设提供更有价值的参考和借鉴。正如本书前文所述，绿色智慧城市的立足理念是生态文明与信息文明，发展基础是大数据资源与信息科技技术，建设目的是人与自然、人与社会、人与人的和谐共处，因此，绿色智慧城市的建设离不开以下几个层面的支撑：国家政策扶持、国际交流合作、产学研一体化、标准化的引领与重大的基础性技术的突破。因此，本书选取的我国绿色智慧城市建设大事记亦以此为依据，具体包括以下内容：第一，我国各级政府陆续出台的相关指导与支持政策；第二，国际间重大交流合作项目；第三，高新技术的引入、解决方案的融合以及相关标准评价体系的出台；第四，产学研交流融合的相关成果等。同时，大事记依时间序列进行排序，截止时间为2017年12月31日。

2013年5月23日,中华人民共和国环境保护部印发《国家生态文明建设试点示范区指标(试行)》。并于10月18日公布了第六批全国生态文明建设试点地区名单,共有54个地区入选。

2013年12月2日,中华人民共和国国家发展改革委员会、财政部、国土资源部、水利部、农业部、国家林业局联合印发《国家生态文明先行示范区建设方案(试行)的通知》,《方案》提出要在未来五年之内建设100个生态文明先行示范区。

2013年12月9日,中欧城镇化伙伴关系论坛顺利举行,在智慧城市分论坛上,中欧智慧城市合作正式启动,并被纳入中欧城镇化新型伙伴关系合作框架。工信部委托工信部电信研究院与欧盟委员会通信网络内容和技术总司(DG CONNECT)推进中欧智慧城市合作,决定成立中欧绿色智慧城市专家团(Expert Framework),在中国和欧盟成员国中各选择15个试点城市开展智慧城市合作,组织撰写中欧智慧城市比较研究报告等。此次入选的15个中国城市或区域包括北京市海淀区、天津市滨海新区、新疆维吾尔自治区库尔勒市等。

2014年12月12日,由中国社会科学院城市发展与环境研究所主办的"绿色智慧城市高层论坛"在北京成功举行。会议以"迈向绿色智慧城市"为主题,围绕绿色智慧城市的建设进展、智慧城市解决方案、智慧城市建设展望等一系列理论与现实问题进行了分析研讨。会议指出,智慧城市建设是新型城镇化与城市现代化的重要抓手,智慧城市建设不仅仅是城市信息基础设施等"硬件"建设,更应加强"城市系统软件"建设,以先进的理念与现代技术促进城市健康可持续发展。

2015年3月2日,国际标准化组织ISO/IEC正式发布文件,中国主导的IEEE1888能源互联网标准通过ISO/IEC最后一轮投票,成为全球能源互联网产业首个ISO/IEC国际标准。IEEE1888标准又称泛在绿色社区控制网络标准,是能源互联网领域的TCP/IP标准。通过IEEE1888标准,将电、水、气等能源数据化,应用大数据、云计算等互联网新技术，达到提高能效、节能减排等作用，并形成包括终端产品、汇聚产品、多协议网关产品、存储系统、智能分析平台、可视化界面、认证与安全系统、网管和计费系统、系统集成、认证与测试、合同能源管理服务的产业链。

2015年10月，在党的十八届五中全会上，习近平总书记提出创新、协调、绿色、开放、共享"五大发展理念"，将绿色发展作为关系我国发展全局的一个重要理念，作为"十三五"乃至更长时期我国经济社会发展的一个基本理念。

2015年11月，中国城市和小城镇改革发展中心、法国展望与创新基金会于中国香港地区主办了首届"中欧绿色和智慧城市峰会"，主题为"全球合作：跨国跨界、互联融合"。

2016年7月，由IEC、ISO、ITU–T三大国际标准化组织联合主办的2016年第一届世界智慧城市论坛在新加坡举行。针对智慧城市国际标准化组织间的合作问题，三大国际标准化组织及各区域标准化组织就智慧城市领域标准化工作融合召开了闭门研讨会。我国国家智慧城市标准化总体组专家参加了此次论坛和三大组织会议。在国家标准化委员会的统一部署下，我国专家在ISO、IEC、IUT–T、JTC1等国际标准组织的智慧城市标准制定上积极全面参与，得到国际同行认可。

2016年11月3日，全球城市气候领袖群（简称"C40"）城市可持续发展论坛在湖北武汉召开，来自全球19个大城市的政府官员和业界专家共聚一堂，分享气候开发与城市低碳可持续发展领域的经验，推进成员城市间的低碳交流合作，并正式发布了《绿色智慧城市开发导则》。

2016年11月16日，第六届世界智慧城市大会在西班牙东北部城市巴塞罗举行年度颁奖典礼。中国住房和城乡建设部因注重推动智能、绿色、低碳、人文的新型城镇化发展获大会荣誉奖。

2016年11月21日，中国国际生态城市论坛暨博览会开幕。主论坛上，与会嘉宾围绕"生态城市与绿色创新"的年度主题，深入探讨了如何依托创新驱动发展战略，更科学、更经济地建设资源节约型、环境友好型的生态文明城市，形成人与自然和谐发展的现代化建设新格局，为生态文明理念下生态城市建设与发展碰撞出诸多观点新颖、可操作性强的创新发展思路和举措。

2016年12月10日，中国城市和小城镇改革发展中心、法国展望与创新基金会与深圳市政府在深圳举办的第二届"中欧绿色和智慧城市峰会"在深圳隆重拉开帷幕。此次会议旨在落实《中欧城镇化伙伴关系共同宣言》，搭建中欧绿色和智慧城市平台。期间，中欧双方达成多项合作共识，内容包括：建立中欧绿色智慧城市结对机制，发布中欧合作《三年行动计划》，编撰《中欧智慧城市发展报告》等。会上同时揭晓了"2016中欧绿色和智慧城市奖"。

2016年12月12日，国家发改委、国家统计局、环境保护部、中央组织部联合根据中共中央办公厅、国务院办公厅关于印发《生态文明建设目标评价考核办法》的通知（厅字〔2016〕45号）要求，制定了《绿色发展指标体系》和《生态文明建设考核目标体系》，作为生态文明建设评价考核的依据。

2017年4月1日，中共中央、国务院印发通知，决定设立河北雄安新区。这是以习近平同志为核心的党中央作出的一项重大的历史性战略选择，是继深圳经济特区和上海浦东新区之后又一具有全国意义的新区，是千年大计、国家大事。习近平总书记在指示中专门指出，"建设绿色智慧新城，建成国际一流、绿色、现代、智慧城市"，是规划建设雄安新区要突出七个方面的重点任务之一。

2017年4月26日，在欧盟委员会的指导下，中国城市小城镇改革发展中心、法国展望与创新基金会联合编写的《中欧智慧城市发展报告》正式发布。《中欧智慧城市发展报告》从全球角度分析了智慧城市发展的现状和趋势，汇集了包含"中欧绿色智慧城市奖"获奖城市在内的几十个中欧城市在智慧建设方面的背景政策、建设实施、技术要素、相关方参与等发展因素。在各城市提供信息及文献资料的基础上，研究人员进行分析评估，提炼出主要趋势、实践模式、问题和挑战并提出解决方案和合作模式。中国香港、深圳、武汉、宁波、佛山等30个中方城市案例，以及巴黎、巴塞罗那、米兰、马尔默等20多个欧洲城市案例入选《中欧智慧城市发展报告》。

2017年6月28日，由中国城市科学研究会和同济大学共同主办的2017年（第六届）国际智慧城市峰会暨智慧城市新科技博览会在上海举行。此次大会多角度、多层次诠释了"如何构建绿色、生态、可持续的智慧城市"。与会嘉宾围绕智慧城市建设、特色小镇建设、国家新区建设、大数据等多个热点建设问题和关键场景展开探讨，全方位、多角度地深刻诠释了前沿理论，展示了现阶段我国智慧城市试点创新成果。同时，"2017年国际智慧城市博览会"同期在上海新国际博览中心W1馆开幕，聚焦智慧城市建设与发展，涵盖移动通信、物联网、城市解决方案、智慧医疗、智能家居、平安城市、智能建筑、智慧政务、可再生能源应用、绿色建材、BIM、智慧社区等方面的新技术与产品。

2017年12月20日，国家新型智慧城市建设部际协调工作组编著的《新型智慧城市发展报告2017》在京正式发布，首次公开国家新型智慧城市评价结果。此发展报告以首次全国新型智慧城市评价工作为特色，系统展示了评价工作过程和评价数据分析结果。

（执笔：罗峰）

附录二 中国绿色智慧城市建设示范城市

目前，北京、上海、深圳、武汉、郑州、南京、杭州、广州等诸多城市已明确推出智慧城市建设规划。从地域分布来看，这些推进城市主要集中在我国长三角、珠三角、环渤海以及中部地区。西部地区很多城市的绿色智慧城市建设还处于空白阶段，而东北部地区的绿色智慧城市建设仍需进一步推进。我们主要从地域分布出发，从东北、西部、中部和东部地区四个维度对我国示范城市进行归纳总结，以期为绿色智慧城市建设的推广提供有针对性的经验借鉴。

同时，建设绿色智慧城市是个逐步推进的过程。绿色智慧城市既可以全面推进，也可以重点突破。目前国内已经提出建设绿色智慧城市的城市中，有的是创新推进智慧城市建设，如"智慧南京""智慧北京"等；有的是围绕各自城市发展的战略需要，如"智慧深圳""生态杭州""绿色丽水"等，选择相应的突破重点，从而实现绿色智慧城市建设的发展目标。[①] 基于我国东部地区绿色智慧城市建设积累的诸多经验，我们进一步从绿色智慧城市的内涵特征如科技智慧、绿色环保、人文智慧等方面进行了分类归纳。

---

① 资料来源：https://www.zhihu.com/question/25011573/answer/190403069。

(一) 东北地区

1. 沈阳

根据绿色智慧城市指标体系排行榜，东北地区的城市建设在智慧城市、绿色城市和人文城市指标中普遍都处于中下游。而其中沈阳在人文城市建设具有一定的优势，位于全国前18位，总排名为第44位。但沈阳的绿色城市建设还处于全国中等水平，仅为第129位。在经济发展新常态下，沈阳作为全国著名的重工业基地，面临着如何从老工业城市向可持续发展的生态城市转型的处境。如何为东北地区经济发展注入新动能，促进经济的转型升级也成为东北地区诸多城市普遍关注的问题。

2016年，沈阳市公布了《沈阳市智慧城市总体规划（2016—2020年）》和《沈阳市智慧产业发展规划（2016—2020年）》。目前沈阳市正积极推动智慧城市、大数据产业和区域经济创新发展。以建设国家大数据中心实验区为重点，协同发展、融合发展。沈阳市政府与IBM合作，借助"智慧城市"建设，创新运用绿色科技和智慧技术，以互联网和物联网的融合为基础，努力实现打造"生态沈阳"的战略目标。

根据2016年中国"互联网+"总指数城市榜单显示，沈阳市"互联网+"总指数全国排名第20位，是东北地区唯一上榜的城市。沈阳市智慧生活体系由社交、商业、民生三大指数构成，聚焦于智慧城市新体系、大数据产业链和工业互联网发展等方面，重点推动"制造服务+互联网+大数据"的产业链。此外，城市发展还注重智慧交通、智慧医疗、智慧教育、智慧就业、智慧环保等行业应用项目，通过提升社会管理、公共服务、环境保护的智慧化水平，使城市管理更具有效率。

2. 大连

大连作为东北地区著名的旅游城市，绿色智慧城市建设在全国总排名为第39位。其中人文城市建设处于全国前27位，而绿色城市建设和智慧城市建设分别为第57位和第56位。大连在无线城市、智慧社区、生态科技创新城等积累了较为丰富的智慧城市建设经验。2011年，大连市入选全国首批"智慧城市"试点示范城市；2014年出台《大连市城市智慧化建设总体规划（2014—2020）》，这些战略目标的制订推进了大连建设生态宜居型城市的目标。

绿色产业助力城市转型升级。大连是我国东北地区最具发展潜力和活力的现代化滨海城市。从2000年起，大连正式启动了"碧海蓝天"工程。大连市通过设立新能源发展专项资金等措施加大政策扶持力度，推动产业体系向绿色转型，重点在核电设备、风电设备、新能源汽车、半导体照明等方面培育绿色产业集群。同时，大连大力发展半导体"绿色照明"产业，推进绿色产业园区建设。

全面实施"宽带大连"工程，深化"无线城市"建设。2003年，大连市就提出发展"数字大连"的城市化目标。基于"宽带中国"示范城市建设工作的推进，大连宽带网络全面覆盖城乡，光纤覆盖率达到100%；推进建设全市统一的电子政务云数据中心；推广政府与社会资本合作模式，统筹智慧交通、卫生、社区、教育、农业等各领域的智慧应用建设市场资源。沈阳、大连的城市建设经验表明，未来智慧城市建设将成为驱动东北经济转型升级的新契机。[①]

（二）西部地区

1. 成都

在西部城市中，绿色智慧城市建设做得最出色的是成都市，在全国排第18名。其中成都在智慧城市方面很有经验，位于第8

[①] 《2020年大连将全面建成"智慧城市"》，《大连晚报》2017年6月29日第A11版。

名,并获评"2017中国领军智慧城市"。另外,成都市在人文城市建设方面也有一定的优势。不足之处在于,相比其他两个维度,成都市的绿色环境发展非常不均衡,仅居全国第139位,未来还需要在绿色城市方面进一步提升。

作为全国首批20个智慧城市试点示范城市之一,成都在"互联网+"社会服务上一直走在全国前列。"互联网+"社会服务指数由政务、交通、便民服务、医疗、教育、大数据交通治理六个部分组成。数据显示,目前成都的交通运输服务品质排名位居全国第9位,成都车辆违章查询和体验市民人次均位居全国前列。此外,成都市以互联网、交通网两网融合为基础,积极构建智慧城市新型支撑体系引导产业与空间的协调发展。按照"以应用聚资源、以资源促应用"的思路,促进信息网络、政务云平台等政务信息基础设施集约化建设,推进政务应用向云计算转型,促进基础设施共建共享。

2. 昆明

昆明作为云南省重要的旅游城市,其绿色智慧城市建设取得了一定的成就,在整个西部地区城市中位于第3名,在全国也居于前列。昆明市的城市建设示范效应在于绿色城市、智慧城市和人文社会建设都比较均衡。其中绿色城市建设位于全国第28名,智慧城市和人文城市建设分别为第44名和第40名。在智慧城市建设方面,昆明正加大财政投入和融资支持。

2016年昆明智慧城市PPP项目被列为第一批智慧城市示范项目,项目包含五个领域八个专项,具体涵盖智慧旅游、智慧交通、政府公共服务平台等。目前,昆明市智慧旅游取得了一定进展。昆明市以滇池、石林、九乡等主要旅游景区为试点,推进"智慧景区"建设,逐步搭建智慧旅游管理、智慧旅游服务、智慧旅游营销等系列平台;完善智慧旅游公共服务体系,通过大力发展旅游电子商务,支持企业建设具有特色的电子商务自营平台。并积极探索基于跨部门信息整合和工作协同的旅游市场社会共治新模式。①

(三) 中部地区

根据绿色智慧城市的指标体系,我国中部地区在智慧城市建设和人文城市建设方面具有一定的优势,而绿色城市建设各项指标排名比较靠后。以国家中心城市武汉和郑州为例,它们的总排名分别为第31名和第40名,分别位于中部地区第3名和第5名,虽然武汉和郑州的智慧城市和人文城市指标均居于全国前列,但这两个城市的绿色城市指标在全国排名却处于第152名和第238名,未来绿色城市建设还有很大的发展空间。

1. 武汉

在国内,武汉首次将"社会综合管理与服务"纳入"智慧城市"总体规划。通过建设社会服务网站群,为居民提供互动平台。通过网络,把各个社区链接起来,实现社区与居民间的交流和互动。借助互联网,及时向公众传递各类实用信息。此外,通过该卡与个人信用关联,建立社会诚信体系,形成一套覆盖全市多行业、多领域的应用体系和应用模式,实现"一城一卡,一卡通用"。

武汉在环境治理方面也在积极探索新思路。通过构建多元化环保监控网络系统,实现环境智慧型治理。城镇环境智能监管主要通过应用北斗高精度定位技术,结合遥感、地理信息、传感器、RFID、光纤、互联网、物联网、大数据、云计算等新兴技术,推广北斗智能环境监控管理系统,实现对城镇的重点污染源、污染物数据的监测、控制和管理。智慧环境监测不仅包括生态监测,还包括空气、噪音、水体、固体废物等人居环境监测

---

① 《昆明加快推进智慧城市建设 "一卡通"走进市民生活》,2016年11月7日,云南人力资源和社会保障网(www.ynhrss.gov.cn/NewsView.aspx? NewsID = 19902&ClassID = 635)。

等。针对化工、轻工等高污染行业，支持智能排污监控系统的建立与完善。通过综合运用数字环保和物联网技术，构建多元化、智慧型环保感知网络系统。①

2. 郑州

郑州市地处国家建设"一带一路"的交汇点，是国家中心城市，因此大力发展绿色低碳交通建设，引领绿色发展，促进城市生态建设，对其转型升级至关重要。2017年9月29日，第十一届中国国际园林博览会在郑州航空港区开幕。郑州园博园位于国家战略郑州航空港经济综合实验区内正在建设的生态新城。生态新城秉承海绵城市建设理念，采取生态建园、海绵城市技术建园、智慧城市技术建园等思想，带动了周边生态新城乃至航空港区绿色、和谐、科学发展。园博园作为城市绿地中的园林精品和展示城市形象的新平台，能够为郑州带来持续的生态效益和经济效益，园博园的召开也成为郑州绿色城市形象的新名片。

此外，郑州"互联网+"智慧政务效果显著。2016年中国"新型智慧城市"峰会公布，郑州在"互联网+"政务服务方面位居全国第二。目前，郑州已在数字城市建设的基础上，逐步构建智慧郑州时空信息云平台，涵盖智能交通、智慧旅游、智慧社会管理、综合市情服务系统和公众服务系统五个示范服务系统。通过移动互联网应用，让民众充分享受智慧城市的建设成果。②

---

① 杜利：《武汉：全球第三的智慧城市是怎样炼成的》，《中国战略新兴产业》2017年第11期；《国内首个智慧城市创新中心落户武汉》，《中国信息化周报》2015年6月15日第15版。

② 赵新辉、郭瑞：《郑州智慧城市信息服务平台构建》，《信息通信》2014年第6期；张忠伟：《谈郑州园博园设计中海绵城市给排水设计》，《山西建筑》2017年第18期；赵泽原：《郑州绿色经济发展进程测度分析》，《企业导报》2016年第1期；吴振：《郑州建设智慧城市初探》，《商情》2017年第34期。

（四）东部地区

当前国内智慧城市建设，从区域分布来看呈现出由东部大城市向中西部地区城市推广的趋势。东部地区由于开展智慧城市的时间较早，其相对发达的经济条件为智慧城市的推广提供了基础保障。同时，大城市在城市治理问题方面也具有前瞻性。因此，东部智慧城市建设的经验可以为中西部地区推广和借鉴。根据绿色智慧城市的指标体系，排在前列的有丽水、深圳和珠海。智慧城市建设的代表城市有上海、苏州和深圳。而北京、深圳和上海在人文城市建设方面具有明显优势。此外，杭州、南京、厦门和宁波等城市的绿色智慧城市建设也有一定的优势可供参考。结合以上诸多绿色智慧城市发展的特点和路径，可将东部地区的智慧城市建设进一步归纳为以下四类。

1. 以绿色环保和智慧技术为主导

（1）丽水

丽水在绿色城市建设方面取得的成果位列全国第 1 名，在环境治理和绿色城市推进方面有很好的经验值得其他城市借鉴和推广。目前丽水市已建成 1 个环境监控中心，3 个空气自动监测站，7 个水质自动站，空气质量优良率 96.1%，与水环境质量一同保持全省领先。作为江南重要的旅游城市，丽水市基于数据中心建设了市旅游产业监测平台。鼓励和支持各行业主管部门实施内部数据资源整合和开放，分别实施数个市级数据交换基础项目。旅游数据中心项目实现与省级旅游平台银联消费、气象数据、环保数据、高速卡口数据等接入，横向涉旅部门、景区景点三方面数据的汇聚，基于数据中心建设市旅游产业监测平台。

丽水市在智慧城市建设方面统筹共享、应用拓展，智慧城市试点建设也取得显著成效。如立足项目统筹，推动智慧政务。在推进天网工程建设方面，于 2016 年年底建成治安视频监控 12000

路，联网整合社会面视频监控6000路，"卡口·云"平台为全国公安系统市级自主研发最领先的技术平台，每日可完成2000万路过车量统计数据量化分析和归档；在推进城市管理项目方面，智慧交通项目完成交通运行指数、公众出行网两大平台和抓拍监控点位建设。①

（2）杭州

因地制宜提出了建设"绿色智慧城市"，把"绿色"和"智慧"作为城市发展的突破路径，着力发展信息、环保和新材料等为主导的智慧产业，加强城市环境保护。在"智慧旅游""智慧社区"等智慧应用方面，一直处于全国前列。通过阿里巴巴、海康威视、华三通信等一批IT巨头的运行，杭州成为全国最具独特互联网思维的智慧城市。目前，杭州有全国最好的智能化公共自行车租用服务系统。无论是在全国率先免费开放WiFi，还是在医院推行"先诊疗后付费"，杭州在智慧城市建设方面，都有很好的应用成果。

在杭州城区的部分路段初步试验中，杭州"城市大脑"把城市的交通、能源、供水等基础设施全部数据化，并连通"城市大脑"的超大规模计算平台、数据采集系统、数据交换中心、开放算法平台、数据应用平台五大系统，对整个城市进行全局实时分析，自动调配公共资源。此外，杭州已构建了集各类政务服务于一体的浙江政务服务网——杭州平台。这是一个集行政审批、便民服务、政务公开等功能于一体的省、市、县三级联动服务平台，全市的行政审批等事项可以"一站式"网上办理，也可以实现"全流程"效能监督，正在成为覆盖杭州的网上"政务超市"②。

---

① 《小城市里有大智慧——丽水推进智慧城市试点建设的主要做法》，《信息化建设》2017年第7期。

② 《杭州：智慧城市让生活更美好》，《光明日报》2016年12月12日第4版。

2. 以发展智慧产业为核心

（1）南京

2006年南京市人民政府提出"发展智慧产业、构建智慧城市"构想；2010年3月，南京宣布打造"绿色之都""智慧之都""枢纽之都"，智慧城市成为推动南京市城市发展和城市创新的重要理念。目前，南京提出的"智慧南京"主要体现在三个方面：交通、医疗和电力。按照"智慧南京"的总目标，具体会将智慧基础设施、智慧政府、智慧公共服务、智慧产业、智慧人文五个方面作为重点领域。南京通过促进智慧产业间的联动发展来提升城市建设管理和民生保障水平。目前，为建设最新的智慧化基础设施，南京利用物联网等先进信息技术对南京现有综合交通、环保、物流、电力、城市供水排水、公共生活服务设施等体系进行智慧化改造。

此外，在绿色城市建设方面，南京也在推进低碳、节能、环保等技术的应用，并通过各类智慧系统部署，提高资源利用率和生产力水平，改善人与自然间的关系。企业和个人可借助网络服务主动搜寻政务、商务、娱乐信息，通过各种网络交易实现投资、消费、转账等业务，以举行网络会议、居家上班、提供远程服务等方式形成轻型化、清洁化的生产生活方式，大幅减轻城市空间利用及交通系统承担的压力，真正实现城市的"绿色发展"[1]。

（2）宁波

加快创建智慧城市是宁波"六个加快"重大战略部署之一。宁波以建设六大智慧产业基地为重点，加快推进智慧产业发展。这六大智慧产业基地分别为：网络数据基地、软件研发推广产业基地、智慧装备和产品研发与制造基地、智慧服务业示范推广基

---

[1] 沙勇：《国内外智慧城市发展模式对提振"智慧南京"的启示》，《南京财经大学学报》2012年第6期；《南京：智慧城市助推绿色发展》，《中国经济导报》2011年11月29日第C03版。

地、智慧农业示范推广基地、智慧企业总部基地。

随着智慧民生应用体系的不断健全，宁波市正在形成涵盖"住、行、医、学、商"等诸多方面的智慧民生网络系统。为了缓解出行难，宁波智慧交通构建了多种出行方式无缝对接的综合交通体系，依托"宁波通"平台提供出行路线规划、出行方式对接、客运购票、停车诱导等二十多项便民服务，大大改善了城市居民的出行效率。

此外，宁波市将环境监制理念加入新型智慧城市建设中。宁波借助新一代智慧信息技术建设智慧生态环境。通过虚拟空间环境的信息流，获悉社会环境和自然环境方面足够决策的信息。借助信息技术，提升社会环境系统中各构成要素效率的提升，进而加大自然环境的生存空间，保护自然环境的弹性自调节功能，从而使社会环境和自然环境能够有各自的独立空间，相互和谐共存。[1]

3. 以智慧管理和智慧服务为重点

（1）上海

上海在全国绿色智慧城市总排行榜中位于第 3 位，其中智慧城市相关指标在全国各城市中最具优势。随着《上海市推进智慧城市建设"十二五"规划》的正式发布，创建面向未来的智慧城市，成为上海建设"四个中心"和具有全球影响力科创中心的有力支撑。目前，上海在智能化应用平台方面取得了一系列成果。上海在新推出的《上海推进云计算产业发展行动方案》即"云海计划"中，将"智慧城市"建设所需要的云计算推出适合本土的云计算解决方案，在智慧技术基础上充分支持上海"智慧城市"

---

[1] 谢月娣、高光耀：《关于提升宁波智慧城市建设水平的几点思考》，《宁波经济：三江论坛》2012 年第 2 期；胡跃：《加快推进宁波新型城镇化与智慧城市建设融合发展》，《宁波经济：三江论坛》2015 年第 3 期；浙江省物联网产业技术创新联盟：《宁波：大力发展生态智慧交通》，《物联网技术》2011 年第 4 期；《宁波大步向全国新型智慧城市标杆迈进》，《浙江日报》2016 年 9 月 9 日第 7 版。

建设。在智慧健康方面,在医联平台和电子健康档案的基础上,上海推动 65 家试点社区卫生服务中心与市级平台对接,基于"市民云"APP 进一步整合各类服务资源和渠道,提高了城市管理效率。

目前,上海在 50 个社区开展了智慧社区试点,将信息化管理和服务理念作为基层治理支撑,加快发展社区事务 O2O 模式。在 30 个产业园区推动了智慧园区建设,编制发布智慧园区建设与管理通用规范,对园区信息基础设施、管理和服务系统、运维保障和应急联动等内容形成了上海特色的地方性标准。此外,在嘉定新城和金山新城开展了智慧新城建设,推动了新兴城市化地区的信息化与新城建设的同步规划、协调发展。①

(2)厦门

厦门的绿色智慧城市建设各指标体系相对比较均衡。其中绿色城市建设在全国位于第 5 位,相关智慧城市建设和人文城市建设也位于全国前列。厦门市通过应用创新,建成了国内首个 TD 无线城市,开创了以应用促进无线城市建设的先例,并于 2013 年获得"中国十大智慧城市""中国智慧城市推进杰出成就奖""中国智慧城市杰出贡献奖"等荣誉。厦门通过信息技术优化城市资源配置,提高城市运转效率,在多个领域实现了全国首创。

厦门是我国首个实现区域医疗信息化的城市。在医疗云建设方面取得了阶段性成效,共完成 91 个医疗机构的云平台迁移,实现了全市范围内医疗信息的资源共享。市民健康大数据应用也取得了实质性进展,据统计,厦门市民健康信息系统覆盖全市 90% 以上的医疗机构,厦门市 85% 的常住人口都建立了个人健康

---

① 陈渊源:《上海全方位推进新型智慧城市建设》,《上海信息化》2017 年第 1 期;《迈进智能时代 上海全面创建面向未来的智慧城市》,《中国工业报》2016 年 12 月 29 日第 A02 版。

档案。云计算平台与市民健康大数据所建立的新型医疗信息服务体系，为市民提供了最优化的一体化医疗服务。

此外，厦门智慧交通积极倡导低碳出行。为解决交通拥堵、停车难等问题，厦门市从2010年起开始了大规模的智能交通建设。在交通领域中充分运用物联网、云计算、人工智能、自动控制、移动互联网等技术，对交通管理、交通运输、公众出行等交通领域以及交通建设管理全过程进行管控支撑，使交通系统在区域、城市甚至更大的时空范围具备感知、互联、分析、预测、控制等能力，以发挥交通基础设施效能、提升交通系统运行效率和管理水平，为公众出行提供智能化城市服务。[1]

4. 以发展智慧人文和智慧生活为目标

（1）深圳

相比北京和上海，深圳的优势在于绿色智慧城市的各项指标发展均衡，并且绿色城市、智慧城市和人文城市各项指标均位于全国前3名。2010年，深圳市开始启动"智慧城市"建设，建设"智慧深圳"成为深圳推进建设国家创新型城市的突破口。2015年，深圳被评为"中国领军智慧城市"。深圳主要从科技、人文、生态三方面构建新时期的"智慧城市"，在智慧城市建设中注重顶层设计和新技术应用，以民生为导向，在信息惠民、智慧交通等方面取得进展，为中国智慧城市建设提供了经验借鉴。

智慧城市注重人文因素。与上海、北京等城市不同，深圳智能交通建设存在资源过度分散、信息资源不共享等问题，为此，深圳按照"大运优先、先急后缓"的原则推进大运智能交通项目

---

[1] 蔡化：《智慧交通引领厦门走向智慧城市》，《中国公共安全：学术版》2014年第9期；《本刊讯：厦门打造智慧城市建设"厦门特色"》，《中国公共安全：学术版》2014年第5期；张彬、邓富亮：《厦门"智慧城市"建设现状与对策研究》，《长沙理工大学学报》（社会科学版）2016年第5期。

建设。完成 GPS 监管平台二期建设，启动智能化枢纽（场站）服务系统、公交电子站牌试点项目建议书的编制申报工作，研究智能化出租车服务系统、智能公交系统建设方案。并启动全市营运车辆 GPS 地方行业标准编制工作，指导全市交通行业 GPS 技术的规范化应用，提供数字化、智能化管理手段。目前，深圳市民可以上网查询交通和路况信息，也可以拨打电话收听路况信息，还可以用手机登录 WAP 网站查询交通路况。①

（2）北京

北京的优势在于人文城市建设位于全国首位，智慧城市建设也位于全国前列。北京市在智慧城市建设中，按照"智慧城市"建设中长期发展目标，制定了《智慧北京行动纲要（2011—2015）》，以专项规划的形式对智慧城市建设进行专项部署实施。

城市技术智能化。北京通过以移动技术为代表的物联网、云计算等新一代信息技术的应用，来实现全面感知、泛在互联、大数据计算的应用。在城管信息化建设中重视用户体验和参与，重视市民及社会的参与。如手机终端的开发，通过移动应用 APP，实现市民参与、咨询、建议等功能，体验"我的城市、我做主"的新模式。

城市环境智慧化。北京通过维基、社交网络等工具的应用，实现用户体验和参与、协同办公，秉承以人为本理念促进城市的社会、经济、环境的全面可持续发展。在城市环境智能化方面，推进基于创新 2.0 的公共服务模式、感知数据驱动的高峰勤务模式。在这方面，朝阳区的智慧城市建设具有代表性，如一氧化碳

---

① 《深圳获评中国领军智慧城——2015 亚太智慧城市发展高峰论坛举行》，《深圳特区报》2015 年 11 月 18 日第 A4 版；《深圳：推进国家创新型智慧城市建设》，《中国信息化周报》2013 年 12 月 23 日第 13 版；李鹏：《深圳：科技、人文、生态的"智慧城市"》，《通信世界》2010 年第 17 期；鲁竞夫：《深圳智慧城市建设基础分析》，《珠江论丛》2014 年第 2 期。

的预警预报系统、免费自行车系统等，此外在智能家居、智慧社区方面也有一定进展。

尽管如此，北京在智慧城市建设方面仍存在一系列亟待解决的问题。如在人才建设方面，缺乏智慧人才的储备。虽然智慧城市建设有技术和设备基础，但相关人员的培训以及市民的参与并没有纳入智慧城市规划体系中。城市建设的人、财、物缺乏网络化连接。未来长期的智慧城市发展人才储备有待进一步强化。[1]

（3）东莞

东莞是我国首个无线智慧城市，以"安全"为特色的东莞城市建设，开创了我国智慧城市建设的新模式。从2010年开始，东莞通过政务云、交通云、健康云等云平台大力推进智慧城市建设。智慧城市一系列新技术应用在东莞实现了良好的示范效果。东莞市无线安全城市项目通过在全市主要公共服务区域覆盖免费WiFi，使东莞成为现代化智慧城市，大大提升了城市的竞争力和品牌效应。同时，政府社会管理和公共服务功能也充分利用这个安全的无线平台，提升了政府管理效率和服务水平。

以智慧城市建设为引领，推进基层社会治理创新。东莞市推行的"智网工程"受到了政府各界的关注。"智网工程"指挥调度中心是东莞市"智网工程"的决策指挥枢纽，在指挥调度、分析研判、评价督办、决策辅助等方面发挥着重要作用。中心依托智网指挥调度系统，对接智网基础数据库和各入格部门业务系统，已实现五大功能：一是事件信息的分析研判和数据分类推送；二是基层业务的督促指导；三是组织入格部门的协调联动；四是事件处置结果评价及监督考核；五是全市工作情况的统计分

---

[1] 《北京：规划2020年成为智慧城市建设示范区》，《城市规划通讯》2017年第3期；王红霞：《北京智慧城市发展现状与建设对策研究》，《电子政务》2015年第12期；李春佳：《智慧城市内涵、特征与发展途径研究——以北京智慧城市建设为例》，《现代城市研究》2015年第5期。

析。目前东莞"智网工程"已初步构建了"网格化管理、信息化支撑、精细化服务、法制化保障"的社会治理新模式,并取得了初步成效。①

(执笔:宋艳姣)

---

① 《智慧城市建设现"东莞模式"全国首个安全无线城市投入运行》,2017年1月11日,《经济参考报》(http://finance.eastmoney.com/news/1355,20170 111701689169.html);梁维东:《以智慧城市建设为引领推进基层社会治理创新》,2017年12月1日,中国东莞政府门户网站(http://www.dg.gov.cn/cndg/dgNews/201712/893449f375ee456fbbc06cea80bf889d.shtml)。

参考文献

（一）中文著作

刘科举、孙伟平、胡文臻：《中国生态城市建设发展报告（2017）》，社会科学文献出版社 2017 年版。

李景源、孙伟平、刘举科：《中国生态城市建设发展报告》，社会科学文献出版社 2012 年版。

（二）中文期刊等

梁军、黄骞：《从数字城市到智慧城市的技术发展机遇与挑战》，《地理信息世界》2013 年第 1 期。

牛文元：《智慧城市是新型城镇化的动力标志》，《中国科学院院刊》2014 年第 1 期。

陆大道：《中速增长：中国经济的可持续发展》，《地理科学》2015 年第 10 期。

吴志强：《欧洲智慧城市的最新实践》，《城市规划学刊》2014 年第 5 期。

王广斌：《欧洲智慧城市建设案例研究：内容、问题及启示》，《中国科技论坛》2013 年第 7 期。

武占云、单菁菁：《建设健康城市，打造健康中国》，《环境经济》2016 年第 Z9 期。

辜胜阻、王敏：《智慧城市建设的理论思考与战略选择》，《中国人口·资源与环境》2012年第5期。

赵弘、何芬：《论可持续城市》，《区域经济评论》2016年第3期。

曾刚：《我国生态文明建设的理论与方法初探——以上海崇明生态岛建设为例》，《中国城市研究》2014年第7期。

杜利：《武汉：全球第三的智慧城市是怎样炼成的》，《中国战略新兴产业》2017年第11期。

赵新辉、郭瑞：《郑州智慧城市信息服务平台构建》，《信息通信》2014年第6期。

张忠伟：《谈郑州园博园设计中海绵城市给排水设计》，《山西建筑》2017年第18期。

赵泽原：《郑州绿色经济发展进程测度分析》，《企业导报》2016年第1期。

吴振：《郑州建设智慧城市初探》，《商情》2017年第34期。

沙勇：《国内外智慧城市发展模式对提振"智慧南京"的启示》，《南京财经大学学报》2012年第6期。

谢月娣、高光耀：《关于提升宁波智慧城市建设水平的几点思考》，《宁波经济：三江论坛》2012年第2期。

胡跃：《加快推进宁波新型城镇化与智慧城市建设融合发展》，《宁波经济：三江论坛》2015年第3期。

浙江省物联网产业技术创新联盟：《宁波：大力发展生态智慧交通》，《物联网技术》2011年第4期。

陈渊源：《上海全方位推进新型智慧城市建设》，《上海信息化》2017年第1期。

蔡化：《智慧交通引领厦门走向智慧城市》，《中国公共安全：学术版》2014年第9期。

《本刊讯：厦门打造智慧城市建设"厦门特色"》，《中国公共安全：学术版》2014年第5期。

张彬、邓富亮：《厦门"智慧城市"建设现状与对策研究》，《长沙理工大学学报》（社会科学版）2016年第5期。

李鹏:《深圳:科技、人文、生态的"智慧城市"》,《通信世界》2010年第17期。

鲁竞夫:《深圳智慧城市建设基础分析》,《珠江论丛》2014年第2期。

《北京:规划2020年成为智慧城市建设示范区》,《城市规划通讯》2017年第3期。

王红霞:《北京智慧城市发展现状与建设对策研究》,《电子政务》2015年第12期。

李春佳:《智慧城市内涵、特征与发展途径研究——以北京智慧城市建设为例》,《现代城市研究》2015年第5期。

王凤才:《推进绿色发展,建设生态文明》,《2018年全国两会专题报道》,2018年3月15日,杭州网(http://z.hangzhou.com.cn/2018/qglh/content/2018-03/15/content_6822208.htm)。

IBM商业价值研究院:《您的城市有多智慧?——帮助城市衡量进步》,2012年(http://wenku.it168.com/d_000560879.shtml)。

(三) 英文著作、期刊

W. E. Rees, "Ecological Footprints and Appropriated Carrying Capacity: What Urban Economics Leaves Out", *Environment and Urbanization*, 1992, Vol. 4, No. 2.

A. Hsu, A. Zomer, "Environmental Performance Index", *Wiley StatsRef: Statistics Reference Online*, 2016.

P. Neirotti, A. De Marco, A. C. Cagliano, et al., "Current Trends in Smart City Initiatives: Some Stylised Facts", *Cities*, 2014, Vol. 38.

R. Giffinger, N. Pichler-Milanovi, *Smart Cities: Ranking of European Medium-sized Cities*, Centre of Regional Science, Vienna University of Technology, 2007.

后 记

绿色智慧城市建设是当今世界各国政府，特别是城市政府提升核心竞争力、实现可持续发展的重要途径。近年来中国政府也特别重视绿色智慧城市的发展，习近平总书记多次对绿色智慧城市的发展做出重要指示，中国的绿色智慧城市建设和发展步入了新阶段。为了推进我国绿色智慧城市建设，上海大学、华东师范大学合作撰写了《中国绿色智慧城市发展研究报告（2018）》。

本报告是上海大学生态文明研究院、上海大学哲学系、华东师范大学城市发展研究院、教育部人文社科重点研究基地中国现代城市研究中心、上海市社科创新基地长三角一体化研究中心、华东师范大学城市与区域科学学院、上海社科院创新工程"全球城市发展战略智库"等单位的科研骨干通力合作、联合攻关的结晶。具体而言，本报告的总体思路框架、核心内容、撰写分工由孙伟平、曾刚设计和组织安排。全书包括导论、五章和两个附录几部分，各部分的执笔人分别是：导论，孙伟平、曾刚；第一章，曹贤忠；第二章，石庆玲、苏灿；第三章，朱贻文，宓泽锋、王丰龙；第四章，滕堂伟、王丰龙、石庆玲、葛世帅、苏灿、欧阳鑫、孙蓉；第五章，胡德、石庆玲；附录由罗峰、宋艳姣完成。王丰龙、石庆玲、苏灿、葛世帅、宓泽锋、叶雷、李青青、徐宜青、王丽燕、谢家艳、陈炳、高旻昱等负责相关数据资料的收集与整理，王丰龙负责指数的计算。全书统稿由孙伟平、曾刚负责，石庆玲也承担了大量工作。在报告的撰写和出版过程中，中国社会科学出版社赵剑英社长、王茵主任和王琪编辑提供了热情指导和大力支持，特此致谢！

需要特别说明的是，绿色智慧城市是新时代城市建设发展中的重大工程之一，所涉及的问题和领域比较多，受多方面条件所限，本报告谬误之处在所难免，恳请读者批评指正！

孙伟平　曾刚
2018 年 5 月 10 日于上海

孙伟平，哲学博士。上海大学特聘教授，生态文明研究院院长；中国社会科学院研究生院教授，博士生导师。曾任中国社会科学院哲学研究所副所长。主要社会职务有中国现代文化学会副会长及文化建设与评价专业委员会会长，中国辩证唯物主义研究会副会长及价值哲学专业委员会副会长；韩国成均馆大学等校客座教授。"百千万人才工程"国家级人选，获国家"有突出贡献中青年专家"称号，享受国务院特殊津贴。

曾刚，华东师范大学城市发展研究院院长，终身教授，博士生导师，教育部人文社会科学重点研究基地中国现代城市研究中心主任，上海市社会科学创新基地长三角一体化研究中心主任，中国区域科协协会副理事长暨区域创新专业委员会主任，中国城市规划学会理事，中国自然资源学会理事。

石庆玲，华东师范大学晨晖学者，城市发展研究院讲师，教育部人文社会科学重点研究基地中国现代城市研究中心研究员。